MW01617802

「日本語能力試験」対策

# 日本語総まとめ N2

NIHONGO SO-MATOME

佐々木仁子
松本紀子

文法 Grammar 语法 문법

## この本で使用しているマーク

| | |
|---|---|
| | 注意しましょう |
| ダメ | このような使い方はだめです |
| OK | このような使い方はいいです |
| れい | 例文以外のよく使われるフレーズ |
| もっと! | このような使い方もあります |
| ☞ p. X | Xページを見てください |
| 《 》 | このように書いてもいいです |
| | 会話でよく使われる表現 |
| | 女性がよく使う表現 |
| 硬 | 改まった場面や文書で使われる硬い表現 |
| (−) | 悪い意味でよく使われる表現 |

# はじめに

この本は
- ▶ 新しい「日本語能力試験」N２合格を目指す人
- ▶ 中級の勉強を一通り終えて、復習をしたい人
- ▶ 日常生活でよく使われる文型を学びたい人

のための文法学習書です。

## ◆この本の特長◆

- ・日本語能力試験N2レベルの文法項目（文型や接続表現）を、形や接続が似ている文型と一緒に学びます。
- ・タイトルや見出しにも学習する内容を取り入れています。繰り返し読むことで自然に文型が身につきます。
- ・N2レベル以上の語彙はなるべく使わずに、中級レベルの人が無理なく勉強できるよう工夫しています。
- ・１週間に１回分、テストがついているので、理解の確認ができます。
- ・英語・中国語・韓国語の訳がついているので一人でも勉強できます。

意味の似ている語の微妙な違いは試験では問われません。
「習うより慣れる」ことで表現を身につけていきましょう。

2010年3月
佐々木仁子・松本紀子

This is a grammar drill book for:
- those who are seriously studying for the new JLPT Level N2,
- those who have, in the main, finished the intermediate level study and wish to review them,
- those who wish to learn useful sentence patterns which are used in your daily life.

◆ The special features of this book ◆
- You will study grammatical items at the JLPT N2 level along with many commonly confused sentence patterns and conjunctive expressions,
- The words in the titles and the headlines are included in the exercises in each section. Therefore you will naturally learn the sentence patterns as you are repeatedly exposed to them,
- There is very little N2, or beyond N2 level vocabulary in this book, thus you will be able to improve your grammar without many difficulties, even if you have just finished the intermediate level,
- The inclusion of a weekly test will enable you to regularly check your learning,
- The English, Chinese, and Korean translations will enable you to study alone.

Because words with subtle differences in meaning are not included in the N2 test, we hope you will learn the expressions by becoming familiar with them rather than memorizing them.

此书是专为以下学习者编著的语法学习书：
- · 希望通过新“日语能力考试”N2 的人
- · 中级大致学完后想复习的人
- · 希望学习日常生活中常用句型的人

◆此书的特长◆
- · 对于相当于日语能力考试 N2 水平的语法条目（句型及接续方式），能和形式及接续相似的句型一起学习。
- · 标题或题目中也包含了学习内容，能通过反复阅读自然地掌握句型。
- · 尽量不用超出 N2 水平的词汇，即便是初级刚学完的人，也能毫不费力地学习。
- · 每周都附有一次测验题，能确认掌握程度。
- · 附有英语、汉语、韩语的翻译，方便自学。

含义相似词语的微妙差异不在考试范围之内。
通过“熟能生巧”掌握这些表达方式吧。

이 책은,
- · 신「일본어 능력시험」N２합격을 목표로하는 사람
- · 중급의 공부를 한차례 끝내고 복습하고 싶은 사람
- · 일상생활에서 자주 사용되는 문형을 배우고 싶은 사람

을 위한 문법 학습서입니다.

◆이 책의 특징◆
- · 일본어 능력시험 N２수준의 문법항목（문형이나 접속표현）을 형태나 접속이 비슷한 문형과 함께 학습합니다.
- · 타이틀이나 표제에도 학습할 내용을 담고 있습니다. 반복해서 읽는 것으로 자연히 문형이 몸에 뱁니다.
- · N２수준 이상의 어휘는 가능한 한 사용하지 않아 중급 레벨인 사람이라도 무리없이 공부할 수 있도록 궁리했습니다.
- · 일주일에 1회분，테스트가 붙어 있어 이해도를 확인할수 있습니다.
- · 영어 · 중국어 · 한국어의 번역이 붙어 있어 혼자서도 공부할수 있습니다.

의미가 비슷한 말의 미묘한 차이는 시험에서는 묻지 않습니다.
「배우기보다 익숙해 져라」는 말이 있듯이 표현을 몸에 배도록 합시다.

# 目次

# 新しい「日本語能力試験」N2について

About the new Japanese-Language Proficiency Test (JLPT) Level N2　关于新的“日语能力考试”N2　신「일본어 능력시험」N2 에 대해서

※この内容は、『新しい「日本語能力試験」ガイドブック概要版と問題例集 N1, N2, N3 編』（独立行政法人国際交流基金、財団法人 日本国際教育支援協会）の情報をもとに作成しています。

## 試験日

年２回（７月と 12 月の初旬の日曜日）

※ 海外では、７月の試験を行わない都市があります。

## レベルと認定の目安

レベルが４段階（１級～４級）から５段階（N1 ～ N5）になりました。

N2 の認定の目安は、「日常的な場面で使われる日本語の理解に加え、より幅広い場面で使われる日本語をある程度理解することができる」です。

## 試験科目と試験時間

| N2 | 言語知識（文字・語彙・文法）・読解 | 聴解 |
|---|---|---|
| | （105 分） | （50 分） |

## 合否の判定

「得点区分別得点」と、それらを合計した「総合得点」の二つで合否判定を行います。
得点区分ごとに基準点が設けられており、一つでも基準点に達していない場合は、総合得点が高くても不合格になります。

得点区分

| N2 | 言語知識（文字・語彙・文法） | 読解 | 聴解 |
|---|---|---|---|
| 0 ～ 180 点 | 0 ～ 60 点 | 0 ～ 60 点 | 0 ～ 60 点 |

総合得点　　得点の範囲

### N2「文法」の問題構成と問題形式

| 大問 | | 小問数 | ねらい |
|---|---|---|---|
| 文の文法1<br>（文法形式の判断） | ○ | 12 | 文の内容に合った文法形式かどうかを判断することができるかを問う |
| 文の文法2<br>（文の組み立て） | ◆ | 5 | 統語的に正しく、かつ、意味が通る文を組み立てることができるかを問う |
| 文章の文法 | ◆ | 5 | 文章の流れに合った文かどうかを判断することができるかを問う |

◆旧試験では出題されなかった新しい問題形式のもの　○旧試験でも出題されていた問題形式のもの

#### 〈文の文法1〉の問題

**次の文の（　　）に入れるのに最もよいものを、1・2・3・4から一つ選びなさい。**

例）小銭が足りなくて困っていた（　　）、偶然知り合いが通りかかった。

1　あげくに　　2　ためて　　3　とたんに　　4　ところに

① ② ③ ●

#### 〈文の文法2〉の問題

**次の文の＿★＿に入る最もよいものを、1・2・3・4から一つ選びなさい。**

例）面接を受けた会社から全く＿＿＿ ＿＿＿ ＿★＿ ＿＿＿ 不採用だったのだろう。

1　みると　　2　ところを　　3　連絡がない　　4　たぶん

● ② ③ ④

#### 〈文章の文法〉の問題

**次の文章を読んで、［1］から［5］の中に入る最もよいものを、1・2・3・4から一つ選びなさい。**

※500～600字程度の中文を読んで、文章の流れに合った語彙、接続詞、文末表現などを選びます。

試験日、実施地、出願の手続きのしかたなど、新しい「日本語能力試験」の詳しい情報は、
日本語能力試験のホームページ http://www.jlpt.jp をご参照ください。

# この本の使い方

How to use this book　本书的使用方法　이 책의 사용법

◆本書は、第１週～第８週までの８週間で勉強します。日本語能力試験で出題される文法項目を、１日に３つ～４つずつじっくり勉強していきます。

This book is to be used as a eight-week study guide. Each day, you will study three or four grammatical items found on the Japanese-Language Proficiency Test (JLPT).

本书分 8 周（第 1 周～第 8 周）学习，每天各学习 3 ～ 4 个日语能力考试中会出题的语法项目，踏踏实实地学下去。

본책은 제 1 주 ~ 제 8 주까지 8 주동안 공부합니다 . 일본어능력시험에 출제된 문법항목을 하루에 3~4 개씩 꼼꼼하게 공부해 갑니다 .

◇各ページのタイトルにも学習する文法項目が含まれています。しっかり読んで覚えましょう。

The title of each page contains the day's grammatical items. Read and learn them well.

各页标题都含有要学的语法条目。读一读，把它牢牢记住。

각 페이지의 타이틀에도 학습할 문법항목이 포함되어 있습니다 . 제대로 읽고 외웁시다 .

◇文法項目ごとに例文がついています。下線部に注意して読みましょう。（＝　）は下線部の意味です。やさしい日本語で書いてあります。

Each grammatical item has its own example sentences. Pay close attention to the underlined parts. The sentences in brackets（＝　）repeat the same meanings using easier Japanese.

每个语法条目都带有例文。阅读时要注意下划线部分。（＝　）是下划线部分的含义。都是简单易懂的日语。

문법 항목마다 예문이 붙어 있습니다 . 밑줄에 주의해서 읽읍시다 .（＝　）는 밑줄 친 부분의 뜻입니다 . 쉬운 일본어로 써 있습니다 .

◇例文や解説には英語・中国語・韓国語の翻訳がついています。

Examples and explanations have been translated into English, Chinese and Korean.

例句及解说部分，附有英文、中文及韩文的翻译。

예문과 해설에는 영어 · 중국어 · 한국어 번역이 있습니다 .

---

**第１週　おぼえずにはいられない**

**4日目　かゆくてたまらない**

I can't stand the itchiness
痒得难以忍受
가려워서 못 견디겠다

**心配でたまらない**

子どものことが心配でたまらない。（＝とても心配だ）
I am so worried about my children.
孩子的事，担心得不得了。
아이 일이 걱정되어 못 견디겠다 .

家族に会いたくてたまらない。（＝とても会いたい）
I can't wait to see my family.
想念家人想得不得了。
가족을 만나고 싶어서 견딜 수 없다 .

Aくて / naで / Vたくて　たまらない

れい　好きでたまらない
不思議でたまらない

◆「がまんできないぐらい～だ」という意味。
Meaning "I can hardly stand ...".
意思是"～的甚至无法忍耐。"
「참을 수 없을 정도~다」라는 의미 .

**ひまでしょうがない**

今日は何もすることがなくて、ひまで仕方がない。（＝とてもひまだ）
I have nothing to do today. I'm so bored.
今天没什么事，闲得要命。 오늘은 아무것도 할 것이 없어서 , 한가해서 견딜 수 없다 .

そんな方法では、時間がかかってしょうがない。（＝とても時間がかかる）
It will take you forever to do it that way.
如果用这种方法，简直太费时间了。 그런 방법으로는 시간이 걸려서 어쩔 수가 없다 .

Aくて / naで / Vて　仕方がない / しょうがない / しょうがない

◆Vは感情・感覚・困った状態を表すもの。

れい　寒くてしょうがない
気になってしょうがない
お腹がすいてしょうがない

**うるさくてかなわない**　（－）硬

隣の工事がうるさくてかなわない。（＝うるさくて困る）
I can't stand the noise from the construction going on next door.
旁边的施工吵死人了。 옆의 공사가 시끄러워서 견딜 수가 없다 .

私の家は、駅から遠くて不便でかなわない。（＝不便で困る）
I can't stand the inconvenience due to the fact that my house is so far from the station.
我家离车站远，不方便得要命。 나의 집은 역에서 멀어서 불편해서 견딜 수 없다 .

Aくて / naで　かなわない

◆「～で困る」という意味。感情には使わない。

20 ■ Week 1: I can't help remembering

◆各週の１日目から６日目までは形や使い方が似ている文法項目の学習です。７日目は日本語能力試験形式の実戦問題で、その週で勉強したことを確認します。

Every week, from Day 1 to Day 6, you will study grammatical items which are similar in form and usage. On Day 7, you will check to see if you have learned them by doing the "*Jissen Mondai*" (Practice Exercise), that is in JLPT format.

每周从第１天到第６天学习形式及使用方法相似的语法条目。第７天是日语能力考试形式的实战问题，检测当周所学的内容。

각주의 1 일째부터 6 일째까지는 형태나 사용법이 닮은 문법항목의 학습입니다 . 7 일째는 일본어능력시험형식의 실전문제로 , 그 주에 공부한 것을 확인합니다 .

**1日目〜6日目**
１日に３つ〜４つずつ機能語を学習
→ **7日目** 実戦問題で力がついたか確認 → 次の週へ

---

## 残念でならない　硬

第一週

親友の結婚式に出席できないのが、**残念でならない**。(=とても残念だ)
I am so disappointed that I won't be able to attend my friend's wedding.
不能参加好友的婚礼，觉得万分遗憾。
친한 친구의 결혼식에 갈 수 없는 것이 , 매우 안타깝다 .

検査の結果が**気になってならない**。(=とても気になる)
I am really concerned about the results of my physical exam.
十分担心检查结果。　검사 결과가 너무 걱정된다 .

Aくて / naで / Vて　ならない
◆自然になる気持ちの場合に使う。
れい　気の毒でならない
かわいそうでならない
思えてならない／思われてならない
気がしてならない

**練習Ⅰ**　正しいほうに○をつけなさい。

① 試験の結果が（a. 心配に　b. 心配で）たまらない。
② 一人じゃ（a. さびし　b. さびしい）くてしょうがない。
③ 外の音が（a. 気になって　b. 気になっては）ならない。
④ ゲームで負けて、（a. くやし　b. くやしい）くてたまらない。
⑤ 外国で生活したとき、不安（a. で　b. では）ならなかった。

**練習Ⅱ**　下の語を並べ替えて正しい文を作りなさい。＿＿に数字を書きなさい。

⑥ セールスの＿＿＿ ＿＿＿ ＿＿＿ ＿＿＿かなわない。
1　何度も　　2　人が　　3　しつこくて　　4　訪ねてきて

⑦ いい夢を見ると、＿＿＿ ＿＿＿ ＿＿＿ ＿＿＿ならない。
1　いいことが　　2　気がして　　3　起こりそうな　　4　何か

(答えは p.23)

**左ページ上の訳**
"I can't stand the itchiness." "I'm extremely happy!"
"痒得难以忍受。" "高兴坏了。"
「가려워서 못 견디겠다 .」「기뻐서 어찔 줄 모르겠다 .」

19ページの答え：Ⅰ−①b ②a ③a ④b ⑤a　Ⅱ−⑥3→2→1→4 ⑦4→1→3→2



---

◇例文の横に、接続や活用など、使い方がまとめてあります。(接続の表示方法は p.11 参照)
Beside the example sentences, you will find a list of usage examples including conjunctions and conjugations. (See p.11 for an explanation of how connected phrases are displayed)
例句旁边总结包括接续形式、活用等的使用方法。(接续表示方法：p.11)
예문 옆에 , 접속이나 활용 등 , 사용법을 정리해 놓았습니다 .( 접속 표시 방법은 p.11)

◇理解を確認するための練習問題です。答えは次の日の最後にあります。
These are practice questions to test your understanding. Answers are written at the end of the following day's lesson.
做练习题来检验是否已理解、掌握。答案在第二天的最后。
이해를 확인하기 위한 연습문제입니다 . 답은 다음 날 마지막에 있습니다 .

◇左ページ上のイラストについている会話や言葉の訳です。
This is a translation of the words and conversations found at the top of the left-hand page.
日本左页上插图内对话及用语的翻译。
왼쪽 페이지 위의 일러스트에 있는 회화나 단어의 번역입니다 .

◇前の日の「練習」の答えです。
Answers to the previous day's practice questions.
日本前一天的"练习"答案。
전날의「연습」의 답입니다 .

◆1日目～6日目まではすべての漢字の下にルビがついています。ルビを隠しながら読むと漢字を読む練習になるでしょう。

7日目の実戦問題は、日本語能力試験に合わせて、N1レベル以上の漢字の上にルビをつけてあります。

Kana reading is found underneath the kanjis in the lessons from Day 1 to Day 6. It will be good practice for reading if you cover it as you read. The practice exercise on Day 7 will have kana only for words above the JLPT N2 level.

第 1 天到第 6 天部分的所有汉字均附有注音假名。如果把注音假名隐藏起来读，就能练习阅读汉字。第 7 天的实战问题参照日语能力考试，对超出 N1 水平的汉字附有注音假名。

1 일째 ~6 일째까지는 모든 한자의 밑에 읽기가 달려 있습니다 . 한자읽기를 가리고 읽으면 한자를 읽는 연습이 될것입니다 .

7 일째의 실전문제는 일본어 능력시험에 맞추어 N1 레벨이상의 한자위에 읽기를 달아 놓았습니다 .

◆接続は、主な品詞・活用形のうち、よく使われるものだけ表示しています。実際に使われている接続の形すべてを表示しているわけではありません。

Of the major parts of speech and conjugated forms, only phrases that are often used with the grammar pattern will be given. It is not the case to include all the phrases that are actually used.

只有重点词和重点活用形才标有接续用法，并不是所有实际被使用的接续用法都会被标出来。

접속은 , 주요 품사・활용형 중 , 자주 쓰이는 것에만 표시했습니다 . 실제로 쓰이고 있는 접속 형태 모두를 표시하지는 않았습니다 .

◆問題を解いたら、必ず答え合わせをしましょう。7日目の「実戦問題」の答えや難しい表現の解説は別冊「解答・解説」に書いてあります。巻末についていますので、取り外して使ってください。

After answering the questions, make sure they are correct. Answers to Day 7's "*Jissen Mondai*" (Practice Exercise) can be found in the removable "*Kaitoo/Kaisetu*" (Answers and Explanations) booklet attached at the back of this book.

答题后，一定要对答案。第七天的实战问题的答案、难度深的表现法的解說，均在「解答・解説」附册中。附册在本书的最后，请取下来使用。

문제를 풀면 반드시 답을 맞춰 봅시다 . 일곱째날의「실전문제」답과 , 어려운 표현의 해설은 별책「해답・해설」에 쓰여 있습니다 . 책 끝에 붙어 있으니 따로 떼어서 사용해 주세요 .

◆「実戦問題」は、時間を計って、テストのつもりで解きましょう。制限時間内に終わらない場合も最後まで続けましょう。

When answering the "*Jissen Mondai*" (Practice Exercise), please time yourself to simulate the actual test situation. However, answer all questions even if you are unable to finish within the time limit.

第七天的实战问题部分计算时间，就当作是一次考试吧。即使没能在规定的时间内完成，也坚持到最后吧。

「실전문제」는 시간을 재서 시험을 보듯 풀어보세요 . 제한시간 내에 끝내지 못하더라도 끝까지 풀어봅시다 .

**●表記について●**

例文や解説では、新聞・雑誌などで使用されている表記を採用しています。これは、単に試験対策というだけでなく、日常的な日本語使用に堪える力をつけていただきたいと考えるためです。選択肢については、日本語能力試験でかな表記で出題されることが多いため、解説の表記にかかわらず、かな表記を多用しています。

# 接続の表示方法

How connected phrases are displayed　接续表示法　접속 표시 방법

〈　〉はほかの本で使用されているほぼ同じ意味の文法用語を表しています。

Terms in〈　〉brackets are grammatical terms of nearly the same meaning found in other books.

〈　〉表示其他书中使用的基本相同的语法。＜　＞는 다른 책에서 사용되고 있는 거의 같은 의미의 문법용어를 나타내고 있습니다.

## ■動詞〈verb〉

五段動詞 V-*u*〈グループⅠ動詞／ -*u* verb〉 ex. 行く／読む

一段動詞 V-*ru*〈グループⅡ動詞／ -*ru* verb〉 ex. 見る／寝る

不規則動詞 V-irr.〈グループⅢ動詞／ irregular verb〉 ex. する／来る

| 解説文中の表示 | 活用形 | V-*u* | V-*ru* | V-irr | |
|---|---|---|---|---|---|
| Vる | 基本形〈現在形／ non-past〉<br>辞書形〈終止形／ dictionary form〉 | いく | みる | する | くる |
| Vない<br>V~~ない~~ | ナイ形〈未然形／ negative form〉 | いかない<br>いか | みない<br>み | しない<br>し | こない<br>こ |
| V~~ます~~ | マス形〈連用形／ *masu* form〉 | いき | み | し | き |
| Vて | テ形〈*te* form〉 | いって | みて | して | きて |
| Vた | 夕形〈過去形／ past〉 | いった | みた | した | きた |
| Vている | テイル形〈*teiru* form〉 | いっている | みている | している | きている |
| Vば | バ形〈仮定形／ *ba* form〉 | いけば | みれば | すれば | くれば |
| Vよう | 意向形〈volitional/tentative〉 | いこう | みよう | しよう | こよう |
| Vれる | 可能形〈potential〉 | いける | みられる | できる | こられる |
| Vられる | 受身形〈passive〉 | いかれる | みられる | される | こられる |
| Vさせる | 使役形〈causative〉 | いかせる | みさせる | させる | こさせる |
| 命令形 | 命令形〈imperative〉 | いけ | みろ | しろ | こい |

普：普通形（上記の辞書形／ナイ形／夕形　ex. いく／いかない／いった／いかなかった など）

**表示の例**

V／A／na／N普**せいで**

❗ na~~だ~~な**せいで**／N~~だ~~の**せいで**

○ するせいで／しないせいで／したせいで
しなかったせいで
高いせいで／高くないせいで
高かったせいで／高くなかったせいで
ひまなせいで／ひまじゃないせいで
ひまだったせいで／ひまじゃなかったせいで
雨のせいで／雨じゃないせいで
雨だったせいで／雨じゃなかったせいで など

× ひまだせいで／雨だせいで

動詞・い形容詞・な形容詞・名詞の普通形に接続するが、名詞は「名詞＋だ」ではなく「名詞＋の」、な形容詞は「な形容詞語幹＋だ」ではなく「な形容詞語幹＋な」になる。

These expressions,「せいで」, for example, come after verbs, *i*-adjectives, *na*-adjectives, and nouns. With nouns, it is preceeded by -*no* (not -*da*) while with *na*-adjective stems, it is preceeded by -*na* (not -*da*).

接动词・形容词・形容动词・名词的普通型，名词不是「名词＋だ」而是「名词＋の」、形容动词不是「形容动词词干＋だ」而是「形容动词词干＋な」。

동사・い형용사・な형용사・명사의 보통형에 접속하지만, 명사는「명사＋だ」가 아닌「명사＋の」, な형용사는「な형용사 어간＋だ」가 아닌「な형용사어간＋な」가 된다.

## ■い形容詞〈形容詞、-*i* adjective〉

| 解説文中の表示 | 活用形 | い形容詞 | |
|---|---|---|---|
| Aくない | ナイ形〈未然形／negative form〉 | たかくない | うつくしくない |
| Aくて | テ形〈*te* form〉 | たかくて | うつくしくて |
| Aい | 辞書形〈終止形／dictionary form〉<br>基本形〈現在形／non-past〉 | たかい | うつくしい |
| Aかった | タ形〈過去形／past〉 | たかかった | うつくしかった |
| Aければ | バ形〈仮定形／*ba* form〉 | たかければ | うつくしければ |

㊫：普通形（上記の辞書形／ナイ形／タ形）

ex. たかい、たかくない、たかかった、たかくなかった　など

## ■な形容詞〈形容動詞、-*na* adjective、-*na* noun〉

| 解説文中の表示 | 活用形 | な形容詞 |
|---|---|---|
| na/na~~だ~~ | 語幹〈root／stem〉 | ひま |
| naな | 基本形〈現在形／non-past〉 | ひまな |
| naでない | ナイ形〈未然形／negative form〉 | ひまじゃない／ひまではない |
| naで | テ形〈*te* form〉 | ひまで |
| naだ | 辞書形〈終止形／dictionary form〉 | ひまだ |
| naだった | タ形〈過去形／past〉 | ひまだった |
| naなら | バ形〈仮定形／*ba* form〉 | ひまなら |

㊫：普通形（上記の辞書形／ナイ形／タ形）

ex. ひまじゃない、ひまだ、 ひまだった、ひまじゃなかった　など

## ■名詞〈noun〉

※ 接続を解説するために、名詞は名詞に助動詞「だ」や助詞「の」を付けた形で示しています。
In order to explain the connected words, nouns are shown in the form used with the auxiliary verb *da* and the particle *no*.
为说明接续形式，名词用名词＋「だ」或「の」的形式表示。
접속을 해설하기 위해 , 명사는 명사에 조동사「だ」나 조사「の」를 붙인 형태로 표시하고 있습니다 .

| 解説文中の表示 | 活用形 | 名詞 |
|---|---|---|
| N/N~~だ~~/N~~する~~ | 語幹〈root／stem〉 | あめ　※N~~する~~＝スル名詞（ex. 勉強、説明） |
| Nの | 基本形〈現在形／non-past〉 | あめの |
| Nでない | ナイ形〈未然形／negative form〉 | あめじゃない／あめではない |
| Nで | テ形〈*te* form〉 | あめで |
| Nだ | 辞書形〈終止形／dictionary form〉 | あめだ |
| Nだった | タ形〈過去形／past〉 | あめだった |
| Nなら | バ形〈仮定形／*ba* form〉 | あめなら |

㊫：普通形（上記の辞書形／ナイ形／タ形）

ex. あめだ、あめじゃない、あめだった、あめじゃなかった　など

# おぼえずにはいられない

I can't help remembering

不由得去记

외우지 않을 수 없다

## 今週の表現

**一日目**
- □さびしげ
- □病気がち
- □忘れっぽい
- □疲れ気味

**二日目**
- □帰れるものなら
- □暑いものだから
- □知らなかったんだもの
- □持っているものの

**三日目**
- □車はもとより自転車も
- □見た目はともかく味は
- □旅行はまだしも
- □仕事の話は抜きにして

**四日目**
- □心配でたまらない
- □ひまでしょうがない
- □うるさくてかなわない
- □残念でならない

**五日目**
- □食べないことはない
- □覚えられないこともない
- □言わないではいられない
- □飲まずにはいられない

**六日目**
- □帰らねばならない
- □忘れてはならない
- □待っていられない
- □遊んでばかりはいられない

# 第１週　おぼえずにはいられない

## １日目　熱っぽい

I'm feeling feverish
有点发热
열이 있는 것 같다

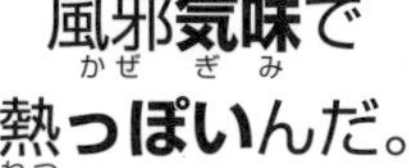

## さびしげ

あの人は**さびしげ**な目をしている。(＝さびしそうな)
That person has a lonely look in his eye.
那人面带寂寞的神情。　저 사람은 슬픈 듯한 눈을 하고 있다.

彼は何か**言いたげ**だった。(＝言いたそう)
He looked like he wanted to say something.
他好象要说什么。　그는 뭔가 말하고 싶어 하는 듯 했다.

> A~~い~~**げ**
> na~~な~~**げ**
> Vた~~い~~**げ**
> ❗ よ~~い~~さ**げ**／な~~い~~さ**げ**
> あり~~ます~~→あり**げ**
> 自慢**げ**
> れい　すずし**げ**／不安**げ**
> 自信あり**げ**／自信なさ**げ**

## 病気がち

私は子どもの頃、**病気がち**だった。(＝病気になることが多かった)
I tended to get sick when I was a child.
我小时候，常生病。　나는 어렸을 때, 병에 자주 걸렸다.

最近、彼は仕事を**休みがち**だ。(＝休むことが多い)
He has been taking a lot of days off work recently.
最近，他工作常常请假。　최근, 그는 자주 일을 쉰다.

> N**がち**
> V~~ます~~**がち**
> れい　あり**がち**／遅れ**がち**
> ～し**がち**／～になり**がち**
> 留守**がち**／遠慮**がち**

## 忘れっぽい

年を取ると、**忘れっぽく**なる。(＝よく忘れるようになる)
As you get older, you become more forgetful.
一上岁数，就开始有些健忘了。　나이를 먹으면, 자주 깜박하게 된다.

このコート、デザインはいいけれど、生地が**安っぽい**ね。
(＝安く見える)
This coat has a nice design, but the material looks cheap.
这大衣款式好，但料子看上去很低档。　이 코트, 디자인은 좋지만 옷감이 싸구려이다.

> N**っぽい**
> V~~ます~~**っぽい**／A~~い~~**っぽい**
> れい　子ども**っぽい**
> 男**っぽい**／女**っぽい**
> 油**っぽい**／水**っぽい**
> 黒**っぽい**／白**っぽい**
> 怒り**っぽい**／あき**っぽい**

## 疲れ気味

残業続きで**疲れ気味だ**。(=ちょっと疲れている)
I've been feeling rather tired, because of continuous overtime work.
连日加班，有些疲劳了。　야근의 연속으로 피곤한 기색이다.

新入社員は**緊張気味の**顔をしていた。(=ちょっと緊張した)
The new employee looked a little bit nervous.
新员工表情有些紧张。　신입사원은 조금긴장된 얼굴을 하고 있었다.

V~~ます~~**気味**
N**気味**
れい　太り**気味**
遅れ**気味**
寝不足**気味**

**練習Ⅰ** 正しいほうに○をつけなさい。

① この牛乳は水（a. っぽくて　b. 気味で）、おいしくない。

② この時計は 20 年使っているが、このごろ遅れ（a. っぽい　b. がち）だ。

③ 二人は親し（a. げ　b. がち）に話している。

④ 風邪（a. 気味で　b. がちで）、熱（a. 気味だ　b. っぽい）。

⑤ 母は（a. 忘れ　b. 忘れる）っぽくなった。

**練習Ⅱ** 下の語を並べ替えて正しい文を作りなさい。＿＿に数字を書きなさい。

⑥ 彼は両親を ＿＿ ＿＿ ＿＿ ＿＿ だ。

1　休みがち　　2　仕事も　　3　悲しげで　　4　亡くしてから

⑦ 男は ＿＿ ＿＿ ＿＿ ＿＿ 。

1　笑いを　　2　ありげな　　3　浮かべた　　4　意味

(答えは p.17)

**左ページ上の訳**

"I feel like I'm catching a cold, and a little feverish." "We tend to catch colds during this season."
"d 好像感冒了，有点发热。" " 这个季节很容易感冒。"
「감기 기운으로 열이 있는 것 같다 .」「이 계절은 감기에 걸리기 십상이지 .」

# 2日目　空を飛びたいんだ**もの**

Something I would love to do is to be able to fly in the sky
真想在天上飞啊　하늘을 날고 싶어

生まれ変われる**ものなら**、
鳥になりたい。だって、
空を飛びたいんだ**もん**。

## 帰れる**ものなら**

帰れる**ものなら**、今すぐ、国へ帰りたい。
(＝帰れないが、もしも帰れるなら)
If I could, I'd like to go back to my country right now.
要是能回去的话，我想现在就回国。　돌아갈 수 있다면 , 바로 지금 , 고국으로 돌아가고 싶다 .

やれる**もんなら**、やってみろ。(＝できないと思うが、もしできるなら)
If you can do it, then let's see you try.　要是能做的话，就做做看。　할 수 있다면 , 해 봐 .

> Vれる ［**ものなら** / **もんなら**］
>
> れい　戻れる**ものなら**
> 行ける**ものなら**
> 休める**ものなら**

## 暑い**ものだから**

上着を脱いでもいいですか。暑い**ものですから**。(＝暑いので)
Can I take my jacket off? I'm feeling a bit hot.
可以把上衣脱掉吗？因为有点儿热。　상의를 벗어도 됩니까 ? 더워서요 .

遅くなってごめん。道路が混んでいた**もんだから**。
(＝混んでいたので)
I'm sorry I'm late. I got caught in a traffic jam.
对不起来晚了，因为路上堵车。　늦어서 미안 . 도로가 붐벼서 .

> V/A/na/N普
> ❗ naだな
> Nだな
> ］**ものだから** / **もんだから**
>
> れい　いない**ものだから**
> かわいかった**ものだから**
> 好きな**ものだから**
> 子どもな**ものだから**

## 知らなかったんだ**もの**

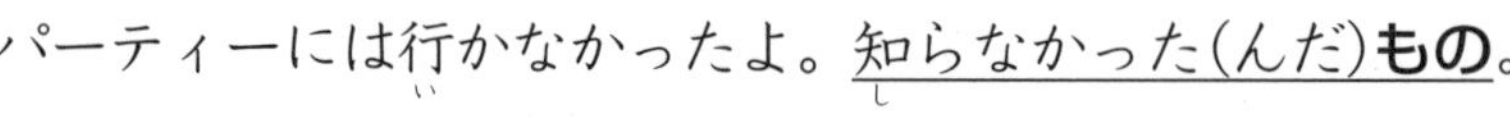

パーティーには行かなかったよ。知らなかった(んだ)**もの**。
(＝知らなかったから)
I didn't go to the party, because I didn't know it was on.
我没去晚会，因为我不知道嘛。　파티에는 가지 않았어 . 몰랐거든 .

しょうがないよ。子ども(なん)だ**もん**。(＝子どもだから)
It can't be helped. He's just a kid.
没办法，因为还是孩子嘛。　어쩔 수 없지 , 어린애잖아 .

> V/A/na/N普
> V/A/na/N普 んだ
> ❗ naなんだ
> Nなんだ
> ］**もの** / **もん**
>
> ◆女性や子どもがよく使う。
>
> れい　疲れる(んだ)**もん**
> かわいい(んだ)**もん**
> いや(なん)だ**もん**

## 持っているものの

車の免許は持っている**ものの**、ほとんど運転したことがない。（＝持っているけれど）
Although I have a driver's license, I have almost never driven.
虽然有驾驶证，但几乎不开车。차 면허는 가지고 있긴 한데, 거의 운전한 적은 없다.

申し込みはした**ものの**、試験を受けるかどうか未定だ。
（＝申し込んだけれど）
Although I applied, I haven't decided whether I take the test or not.
虽然报了名，但不一定去考。신청은 하긴 했는데, 시험을 칠지 어떨지는 미정이다.

春とはいう**ものの**、まだ寒い。（＝春だというけれど）
Although it is spring, it is still cold. 虽说是春天，还是挺冷。 봄이라고는 하지만 아직 춥다.

V/A/na/N普
❶ naだな
N~~だ~~である
ものの

◆A/Nは「～とはいうものの」の形で使うことが多い。

**練習Ⅰ** 正しいほうに○をつけなさい。

① 「また、同じビデオ見てるの。」
「だって、おもしろいんだ（a. もん　b. もんだから）。」

② やり直せる（a. ものの　b. ものなら）やり直したい。

③ 買った（a. ものの　b. ものなら）、使い方がわからない。

④ 上着を着たままですみません。寒い（a. ものですから　b. からですもの）。

⑤ 高いんです（a. もの　b. ものなら）、買えません。

**練習Ⅱ** 下の語を並べ替えて正しい文を作りなさい。＿＿に数字を書きなさい。

⑥ 学校は ＿＿ ＿＿ ＿＿ ＿＿ ついていけない。

1　休まずに　　2　授業には　　3　ものの　　4　行っている

⑦ 今日は早く帰ってきたんです。＿＿ ＿＿ ＿＿ ＿＿ から。

1　よくない　　2　です　　3　もの　　4　体調が

（答えはp.19）

**左ページ上の訳**

"If I could be reborn, I'd like to be a bird. I'd love to be able to fly in the sky."
"要是能转世投胎的话，我想做一只鸟。您想啊，谁不想在天上飞啊。"
「다시 태어난다면, 새가 되고 싶어. 하늘을 날고 싶은 걸.」

15ページの答え：Ⅰ－①a　②b　③a　④a、b　⑤a　　Ⅱ－⑥4→3→2→1　⑦4→2→1→3

# 第1週　おぼえずにはいられない

## 3日目　見た目(みため)はともかく

Whether it looks good or not
外观暂且不说
겉보기는 어쨌든

### 車(くるま)はもとより自転車(じてんしゃ)も　硬

うちには、**車(くるま)はもとより**自転車(じてんしゃ)**も**ないんです。
(＝もちろん車(くるま)もないし)
My family doesn't have a bicycle, let alone a car.
我家不用说轿车，就是自行车都没有。　집에는 차는 물론 자전거도 없습니다.

> **Nは もとより ～も**
> ◆「Nはもちろん～も」の硬(かた)い表現(ひょうげん)。

レタスは**サラダで食(た)べるのはもとより**、炒(いた)めて**も**おいしい。
(＝もちろんサラダで食(た)べるのもおいしいし)
Lettuce is of course good in salad, but it is good in a stir-fry too.
莴苣用来拌沙拉吃就不用说了，炒着吃也好吃。　양상치는 샐러드로 먹는것은 물론이거니와 볶아도 맛있다.

### 見た目(みため)はともかく味(あじ)は

母(はは)の料理(りょうり)は**見た目(みため)はともかく**味(あじ)**は**おいしい。
(＝見た目(みため)はどうか、わからないが)
Whether it looks good or not, my mother's cooking tastes good.
妈妈做的菜外观暂且不说，味道真是好吃啊。　어머니의 요리는 겉보기는 어쨌든 맛은 좋다.

> **$N_1$は ともかく(として)［$N_2$は / $N_2$が**
> **れい**　あなたはともかく、私(わたし)は

あの女優(じょゆう)は、**顔(かお)はともかくとして**演技(えんぎ)**が**すばらしい。(＝顔(かお)はどうか、わからないが)
Whether she is good looking or not, she is a great actress.
那位女演员长得先不说，演技十分精湛。　저 여배우는 얼굴은 어쨌든 간에, 연기가 훌륭하다.

### 旅行(りょこう)はまだしも

私(わたし)の英語力(えいごりょく)では、**旅行(りょこう)はまだしも**、留学(りゅうがく)なんて無理(むり)です。
(＝旅行(りょこう)なら少(すこ)しはいいが)
With my English skills, I can handle travelling but not studying abroad.
我那英语水平，旅行还算凑合，留学就不行了。　나의 영어력으로는 여행은 모르되 유학은 무리입니다.

> **Nは / Nなら ］まだしも**

**10分(ぷん)や20分(ぷん)ならまだしも**、1時間(じかん)も待(ま)てません。(＝10分(ぷん)や20分(ぷん)なら少(すこ)しはいいが)
I can wait for ten or twenty minutes, but not for an hour.
十分二十分的也就罢了，一个小时我可等不了。　10분이나 20분이라면 모르겠지만 1시간이나 기다릴 수 없습니다.

## 仕事の話は抜きにして

皆さん、**仕事の話は抜きにして**楽しく飲みましょう。
(=仕事の話はやめて)
Everyone, let's enjoy drinking and forget about work.
各位，今天我们不谈工作，痛痛快快地喝顿酒。 여러분 , 일 얘기는 빼고 신나게 마십시다 .

**お世辞抜きに**、君の日本語は本当にうまいよ。
(=お世辞ではなく)
I am not flattering you. Your Japanese is really good.
不是奉承，你的日语的确很棒。 빈말이 아니라 , 네 일본어는 정말로 훌륭해 .

**田中さん抜きで(は)**パーティーは始め**られません。**(=田中さんがいなくては)
We can't start the party without Tanaka-san.
没有田中先生，晚会开始不了。 다나카씨를 빼고 파티를 시작할 수 없습니다 .

Nは / N(を) ― 抜きにして / 抜きで / 抜きに / 抜きのN
N(を) ― 抜きにして(は) / 抜きで(は) / 抜きに(は) ― Vれない

**練習Ⅰ** 正しいほうに○をつけなさい。

① この店の品物は、質は（a. もとより　b. ともかく）種類は多い。

② 旅行する時間は（a. もとより　b. ともかく）お金もない。

③ ハンバーガーはトマト（a. ぬきで　b. ぬきでは）お願いします。

④ この計画は彼を（a. ぬきで　b. ぬきに）しては、進められない。

⑤ 明日の天気はどうだろう。雨は（a. まだしも　b. ぬきにして）雪は困る。

**練習Ⅱ** 下の語を並べ替えて正しい文を作りなさい。____に数字を書きなさい。

⑥ この家具、 ____ ____ ____ ____ 。

1 色も　　2 もとより　　3 形は　　4 いい

⑦ お金をとられるだけ ____ ____ ____ ____ ひどい。

1 まだしも　　2 なんて　　3 殺される　　4 なら

(答えは p.21)

**左ページ上の訳**

"Whether it looks good or not, what counts is how it tastes." "I think it tastes as good as it looks."
" 外表就不说了，问题是味道哇。" " 外观没得说，味道也不错吧。"
「겉보기야 어쨌든 맛이 문제야 .」「겉보기는 물론 맛도 좋아요 .」

17ページの答え： Ⅰ－①a ②b ③a ④a ⑤a　Ⅱ－⑥1→4→3→2 ⑦4→1→3→2

# 4日目 かゆくてたまらない

I can't stand the itchiness
痒得难以忍受
가려워서 못 견디겠다

## 心配でたまらない

子どものことが心配でたまらない。（＝とても心配だ）
I am so worried about my children.
孩子的事，担心得不得了。
아이 일이 걱정되어 못 견디겠다.

家族に会いたくてたまらない。（＝とても会いたい）
I can't wait to see my family.
想念家人想得不得了。
가족을 만나고 싶어서 견딜 수 없다.

> Aくて / naで / Vたくて ］たまらない
>
> れい 好きでたまらない
> 不思議でたまらない
>
> ◆「がまんできないぐらい～だ」という意味。
> Meaning "I can hardly stand ...".
> 意思是"～得简直无法忍受。"
> 「참을 수 없을 정도~다」라는 의미.

## ひまでしょうがない

今日は何もすることがなくて、ひまで仕方がない。
（＝とてもひまだ）
I have nothing to do today. I'm so bored.
今天没什么事，闲得要命。 오늘은 아무것도 할 것이 없어서, 한가해서 견딜 수 없다.

そんな方法では、時間がかかってしょうがない。
（＝とても時間がかかる）
It will take you forever to do it that way.
如果用这种方法，简直太费时间了。 그런 방법으로는 시간이 걸려서 어쩔 수가 없다.

> Aくて / naで / Vて ］仕方がない / しようがない / しょうがない
>
> ◆Vは感情・感覚・困った状態を表すもの。
>
> れい 寒くてしょうがない
> 気になってしょうがない
> お腹がすいてしょうがない

## うるさくてかなわない （－）硬

隣の工事がうるさくてかなわない。（＝うるさくて困る）
I can't stand the noise from the construction going on next door.
旁边的施工吵死人了。 옆의 공사가 시끄러워서 견딜 수가 없다.

私の家は、駅から遠くて不便でかなわない。（＝不便で困る）
I can't stand the inconvenience due to the fact that my house is so far from the station.
我家离车站远，不方便得要命。 나의 집은 역에서 멀어서 불편해서 견딜 수 없다.

> Aくて / naで ］かなわない
>
> ◆「～で困る」という意味。感情には使わない。

## 残念でならない 硬

親友の結婚式に出席できないのが、**残念でならない**。
(=とても残念だ)
I am so disappointed that I won't be able to attend my friend's wedding.
不能参加好友的婚礼，觉得万分遗憾。
친한 친구의 결혼식에 갈 수 없는 것이, 매우 안타깝다.

検査の結果が気になっ**てならない**。(=とても気になる)
I am really concerned about the results of my physical exam.
十分担心检查结果。　검사 결과가 너무 걱정된다.

Aくて ┐
naで ├ ならない
Vて ┘

◆自然になる気持ちの場合に使う。

れい 気の毒**でならない**
かわいそう**でならない**
思え**てならない**／思われ**てならない**
気がし**てならない**

**練習Ⅰ** 正しいほうに○をつけなさい。

① 試験の結果が（a. 心配に　b. 心配で）たまらない。

② 一人じゃ（a. さびし　b. さびしい）くてしょうがない。

③ 外の音が（a. 気になって　b. 気になっては）ならない。

④ ゲームで負けて、（a. くやし　b. くやしい）くてたまらない。

⑤ 外国で生活したとき、不安（a. で　b. では）ならなかった。

**練習Ⅱ** 下の語を並べ替えて正しい文を作りなさい。＿＿に数字を書きなさい。

⑥ セールスの ＿＿ ＿＿ ＿＿ ＿＿ かなわない。

1　何度も　　2　人が　　3　しつこくて　　4　訪ねてきて

⑦ いい夢を見ると、＿＿ ＿＿ ＿＿ ＿＿ ならない。

1　いいことが　　2　気がして　　3　起こりそうな　　4　何か

(答えは p.23)

**左ページ上の訳**

"I can't stand the itchiness." "I'm extremely happy!"
" 痒得难以忍受。" " 高兴坏了。"
「가려워서 못 견디겠다.」「기뻐서 어쩔 줄 모르겠다.」

19ページの答え：Ⅰ−①b　②a　③a　④b　⑤a　Ⅱ−⑥3→2→1→4　⑦4→1→3→2

第１週　おぼえずにはいられない

## 5日目　やめられないことはない

It is possible to quit
也不是戒不掉
끊을 수 없는 건 아니다

### 食べないことはない

**食べないことはないが**、あまり好きじゃない。
(＝食べると言っていいが)
It doesn't mean that I won't eat it, I just don't like it much.
倒不是不吃，就是不太喜欢。　먹지 못할 것은 아니지만, 그다지 좋아하지 않는다.

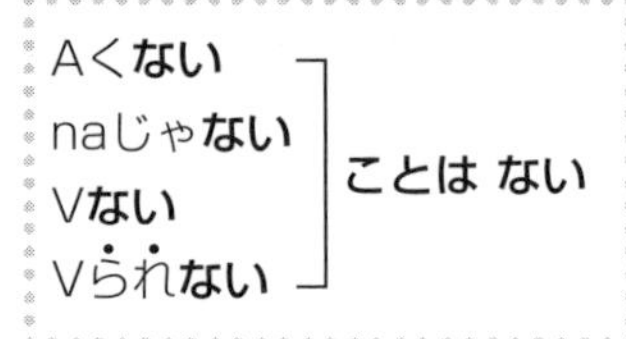


お酒やタバコをやめるのは難しいが、**やめられないことはない**。(＝やめることは可能である)
It is difficult to quit drinking or smoking, but it is possible to quit.
戒烟、戒酒都很难，但倒不是戒不了。 술이나 담배를 끊는 것은 어렵지만, 끊을 수 없는 것은 아니다.

### 覚えられないこともない

毎日、漢字を４つか５つなら、**覚えられないこともない**。
(＝覚えられるかもしれない)
It is not impossible to memorize *kanji* characters if they are 4 or 5 each day.
如果每天背 4、5 个汉字，也不是背不下来。　매일 한자를 4 개나 5 개면 외울 수 없는 것도 아니다.

Aくない
naじゃない
Vない
Vられない
こども ない

この会社を辞める人の気持ちが**わからないこともない**。(＝わかるように思う)
I understand, to some extent, why he/she has quit this company.
我不是不了解从这家公司辞职的人的心情。　이 회사를 그만두는 사람의 기분을 모르는 것도 아니다.

### 言わないではいられない

態度の悪い店員に、一言文句を**言わないではいられなかった**。
(＝言うことをやめられなかった)
I couldn't help giving a piece of my mind to the ill-mannered store clerk.
对于那些态度不好的店员，禁不住要提提意见。　태도가 나쁜 점원에게 한마디 하지 않을 수 없었다.

Vないでは いられない

工事の音がうるさくて、耳を**ふさがないではいられない**。(＝ふさぐことをやめられない)
The noise from the construction was so loud that I couldn't help covering my ears.
施工的声音很吵，不得不捂上耳朵。　공사 소리가 시끄러워서 귀를 막지 않을 수 없었다.

第一週

# 飲(の)ま**ずにはいられない** 硬

職場(しょくば)でいやなことがあると、酒(さけ)を飲(の)ま**ずにはいられない**。
(=飲(の)むことをやめられない)
I can't help having a drink when something unpleasant happens at work.
工作时一有不高兴的事，免不了要喝点酒。
직장에서 힘든 일이 있으면, 술을 마시지 않고는 견딜 수 없다.

あの映画(えいが)を見(み)たら、だれでも感動(かんどう)せ**ずにはいられない**だろう。
(=感動(かんどう)することを止(と)められない／感動(かんどう)する)
Anyone who sees that movie will no doubt be moved.
看了那部电影，相信谁都会为之感动的吧。저 영화를 보면, 누구라도 감동하지 않을 수 없을 것이다.

V~~ない~~ずには いられない
❗しない→せず
◆「～ないではいられない」の硬(かた)い表現(ひょうげん)。

**練習Ⅰ** 正(ただ)しいほうに○をつけなさい。

① 試験(しけん)の前(まえ)だから、勉強(べんきょう)し（a. ずには　b. ないでは）いられません。

② テレビは（a. 見(み)る　b. 見(み)ない）ことはないが、1日(にち)に1時間(じかん)ぐらいだ。

③ 肉(にく)はあまり好(す)きではないが、食(た)べない（a. こともない　b. こともある）。

④ おかしくて、笑(わら)わずには（a. いられる　b. いられない）。

⑤ 行(い)きたくないが、行(い)こうと思(おも)えば（a. 行(い)ける　b. 行(い)けない）こともない。

**練習Ⅱ** 下(した)の語(ご)を並(なら)べ替(か)えて正(ただ)しい文(ぶん)を作(つく)りなさい。＿＿に数字(すうじ)を書(か)きなさい。

⑥ たくさんは無理(むり)だが、1日(にち)に ＿＿ ＿＿ ＿＿ ＿＿ ない。

1　なら　　2　ことも　　3　覚(おぼ)えられない　　4　4つ

⑦ そんなことを聞(き)いては失礼(しつれい)かとも思(おも)ったが、＿＿ ＿＿ ＿＿ ＿＿。

1　聞(き)かず　　2　どうしても　　3　いられなかった　　4　には

(答(こた)えは p.25)

**左ページ上の訳**

"I can't stop myself from drinking." "It is possible to quit."
" 禁不住想喝。" " 倒不是戒不掉了。"
「마시지 않고는 참을 수 없다.」「끊을 수 없는 건 아니다.」

21 ページの答え：Ⅰ－①b ②a ③a ④a ⑤a　Ⅱ－⑥2→1→4→3 ⑦4→1→3→2

# 第1週 おぼえずにはいられない

## 6日目 見(み)ていられない

I can't bear to watch
看不下去
보고 있을 수 없다

### 帰(かえ)らねばならない 硬

ビザが切(き)れたので、国(くに)に帰(かえ)らねばならない。
(＝帰(かえ)らなければならない)
I have to go back to my country as my visa has expired.
因为签证到期了，必须回国。 비자가 끊어졌기 때문에 고국에 돌아가지 않으면 안된다.

それが真実(しんじつ)であることを確(たし)かめねばならない。(＝確(たし)かめなければならない)
I have to confirm if it is true.
必须确认这是否是事实。그것이 진실인것을 확인하지 않으면 안된다.

> V~~ない~~ねば ┌ならない
> ❗しない→せねば └ならぬ

### 忘(わす)れてはならない 硬

この悲惨(ひさん)な体験(たいけん)を決(けっ)して忘(わす)れてはならない。
(＝忘(わす)れてはいけない)
We shall never forget this tragic experience.
绝不可以忘记这悲惨的体验。 이 비참한 체험을 결코 잊어서는 안된다.

失敗(しっぱい)を人(ひと)のせいにしてはなりません。(＝してはいけません)
You should not put blame on others for your own mistakes.
不能把失败的责任推到别人身上。 실패를 다른 사람의 탓으로 해서는 안됩니다.

> Vてはならない
> ◆禁止(きんし)を表(あらわ)す。

### 待(ま)っていられない

田中君(たなかくん)、遅(おそ)いなあ。もう待(ま)ってられないから先(さき)に行(い)こう。
(＝待(ま)ち続(つづ)けられない)
Mr. Tanaka is very late. I do not want to wait for him forever. Let's go ahead.
田中君好晚呀。再也等不下去了，咱们先走吧。
다나카군, 늦는구나. 더 이상 기다릴 수 없으니 먼저 가자.

忙(いそが)しくてテレビなんか見(み)てらんない。(＝見(み)ることを続(つづ)けられない)
I am so busy I have no time to be watching TV.
忙得根本看不上电视。 바빠서 텔레비전따위 보고 있을 수 없다.

> Vて(は)いられない
> Vてられない
> Vてらんない

## 遊んでばかりはいられない

連休だけれど、もうすぐ試験があるから、**遊んでばかりはいられない。**（=いつも遊んでいることはできない）

| Vてばかりは<br>Vてばかりも | いられない |
|---|---|

It is a long holiday but I have an exam coming, so I cannot just play around.
虽然是连休，但因为马上要考试，不能光玩。　연휴이지만 , 이제 곧 시험이 있으니까 놀고만 있을 수는 없다 .

もう親に**頼ってばかりはいられない。**（=いつも頼ることはできない）
I cannot keep depending on my parents.　不能光依赖父母。이제 부모에게 기대고만 있을 수는 없다 .

**練習Ⅰ**　正しいほうに○をつけなさい。

① 国民はもう少し政治に関心を（a. 持た　b. 持ち）ねばならない。

② 先輩に（a. 聞く　b. 聞いて）ばかりはいられない。自分でできるようにならないと。

③ 風が強くて、立って（a. ならない　b. いられない）ほどです。

④ 法律を（a. 犯せば　b. 犯しては）ならない。

⑤ そっちへ行っちゃだめ。動かないで。どうして、じっと（a. してんの　b. してらんないの）。

**練習Ⅱ**　下の語を並べ替えて正しい文を作りなさい。＿＿に数字を書きなさい。

⑥ 僕は、他人に迷惑を ＿＿＿ ＿＿＿ ＿＿＿ ＿＿＿。

1　ならないと　　2　かけては　　3　育ちました　　4　言われて

⑦ 恥ずかしくて ＿＿＿ ＿＿＿ ＿＿＿ ＿＿＿ 彼らは大声でしている。

1　話を　　2　いられない　　3　ような　　4　聞いて

（答えは p.28）

**左ページ上の訳**

"Oh, I can't bear to watch." "Me, neither. I'd better give him a warining."
"啊，太危险了，实在看不下去。" "不能再不吱声了，提醒一下吧。"
「아 , 위험해서 보고 있을 수 없다 .」「이제 말을 안하고는 있을 수 없다 . 주의를 주자 .」

23 ページの答え：Ⅰ－①b　②b　③a　④b　⑤b　Ⅱ－⑥4→1→3→2　⑦2→1→4→3

# ７日目　実戦問題（じっせんもんだい）

Practice Exercise
实战问题
실전문제

制限時間（せいげんじかん）：15分（ふん）
1問（もん）4点（てん）

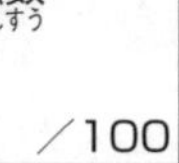

点数（てんすう）　／100

（答（こた）えは別冊（べっさつ） p.2）

**問題１**　次の文の（　　）に入れるのに最もよいものを、１・２・３・４から一つ選びなさい。

**1**　外食は野菜不足になり（　　　）だ。

1　げ　　2　がち　　3　もの　　4　っぽい

**2**　読んではいる（　　　）、本の内容はちっとも頭に入らない。

1　ものの　　2　ものなら　　3　ものだから　　4　んだもの

**3**　このごろ太り（　　　）なので、駅までバスに乗らず、歩くことにした。

1　げ　　2　気味　　3　っぽい　　4　抜き

**4**　いつも自信たっぷりの彼が、きょうは自信（　　　）げな顔をしている。

1　な　　2　ない　　3　なし　　4　なさ

**5**　病気の子を見ていると、代われる（　　　）代わってやりたいと思う。

1　ものか　　2　ものの　　3　ものなら　　4　ものだから

**6**　部長は最近（　　　）っぽくなったような気がする。

1　怒る　　2　怒って　　3　怒り　　4　怒った

**7**　あんまり（　　　）もんだから、だれもいないのかと思った。

1　静か　　2　静かな　　3　静かだ　　4　静かの

**8**　傘（かさ）ぐらいなら（　　　）大事なかばんを置いてくるなんて。

1　ぬきにして　　2　もとより　　3　まだしも　　4　ものなら

**9**　村上さんの名前は、国内は（　　　）、海外でも知られている。

1　ともかく　　2　ものの　　3　もとより　　4　ぬきで

**10**　修理すれば（　　　）けれど、古いから捨てよう。

1　使えないものだ　　2　使ってはならない
3　使わねばならない　　4　使えないこともない

**11**　最近体の調子が悪いが、仕事を（　　　）。

1　休んでばかりもいられない　　2　休んでかなわない
3　休まないこともない　　4　休まないではいられない

**12** A「どうして携帯(けいたい)電話を持たないの。」
B「（　　　）。」

1　いるんだもの　　2　いらないんだもの
3　いらないこともないんだ　　4　もたずにいられないんだ

**13** 映画館には10年以上行っていない。（　　　）こともないが、家でビデオを見るほうが楽だ。

1　行く　　2　行きたい　　3　行きたくない　　4　行った

**14** 今夜は寝ないで仕事をしないといけない。それなのに、濃(こ)いお茶やコーヒーを飲んでも（　　　）。

1　眠れない　　2　眠くてたまらない
3　眠らないことはない　　4　眠くなくてしょうがない

**15** このゲームには、細かい決まりがいろいろあります。でも今日は、初めてなので難しい話は抜きにして、とにかく（　　　）。

1　やってみましょう　　2　やることはできません
3　やらずにはいられません　　4　やらないこともありません

**問題2** 次の文の ＿★＿ に入る最もよいものを、1・2・3・4から一つ選びなさい。

**16** 体は ＿＿ ＿＿ ＿★＿ ＿＿ いえない。

1　気持ちは　　2　とは　　3　ともかく　　4　元気

**17** 彼女は ＿＿ ＿＿ ＿★＿ ＿＿ 孫(まご)を見つめている。

1　という　　2　しかたない　　3　顔で　　4　かわいくて

**18** 買おうと思えば ＿＿ ＿＿ ＿★＿ ＿＿ 買う気はないんです。

1　けれど　　2　ことも　　3　買えない　　4　ない

**19** うちのチームの優勝は ＿＿ ＿＿ ＿★＿ ＿＿ ありえなかった。

1　ぬきに　　2　彼の　　3　活躍(かつやく)　　4　しては

**20** たばこを吸わないでは ＿＿ ＿＿ ＿★＿ ＿＿ いられない。

1　注意せずには　　2　たばこの危険性を
3　という人に　　4　いられない

**問題3** 次の文章を読んで、[21]から[25]の中に入る最もよいものを、1・2・3・4から一つ選びなさい。

オリンピックを目前にして、スポーツ選手たちの活躍がテレビなどで放送されています。それは視聴者をワクワク、ドキドキ、ハラハラさせて楽しませ、夢を与えてくれるものです。

[ 21 ]、私は楽しむよりも、選手たちの気持ちや体調が気になって[ 22 ]のです。プレッシャーから押しつぶされそうになりがちな気持ちと戦っているせいか、疲れ[ 23 ]に見える人もいます。これから上をめざす若い新人選手たちは[ 24 ]、メダルを期待されている選手たちの肉体的な疲労はもとより精神的な苦しみはどれほどのものでしょう。

もちろん、試合前の練習や表情、試合後の様子などを知りたくないなどというつもりはありませんが、なるべく試合だけに集中できるよう、ファンへのサービスに気をつかわなくてもいいようにそっとしてあげられたら、と[ 25 ]のです。

**21** 1 それで　2 そこで　3 それに　4 しかし

**22** 1 心配することはない　2 心配ではいられない　3 心配でならない　4 心配してはならない

**23** 1 ぎみ　2 っぽく　3 がち　4 げ

**24** 1 ぬきで　2 かなわないが　3 まだしも　4 しょうがないが

**25** 1 思ってばかりはいられない　2 思わねばならない　3 思ってはならない　4 思わずにはいられない

## 敬語　自分について話す①

❶ 自己紹介します →**させていただきます**

❷ よろしくお願いします →**お願い申し上げます**

**【問い】** 正しいものを（　）から一つ選びなさい。(答えはp.31)

① 私の家族をご紹介（a. になります　b. いただきます　c. 申し上げます）。父と母です。それから……

② すみませんが、風邪気味なので休ませて（a. お願いします　b. 申し上げます　c. いただきます）。

25ページの答え： Ⅰ－①a ②b ③b ④b ⑤b　Ⅱ－⑥2→1→4→3 ⑦4→2→3→1

# 第2週

# やればやるほどおぼえられる

The more you do it, the better you will get at it

越记越多

하면 할수록 외울 수 있다

## 今週の表現

**一日目**

- □努力のかいがあって
- □手術のかいもなく
- □やりがい
- □借金してまで／借金までして

**二日目**

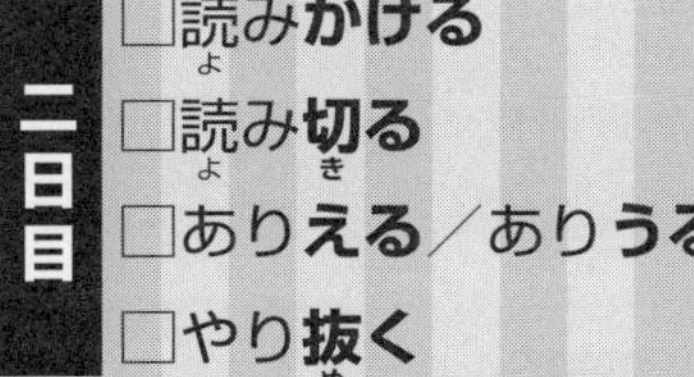

- □読みかける
- □読み切る
- □ありえる／ありうる
- □やり抜く

**三日目**

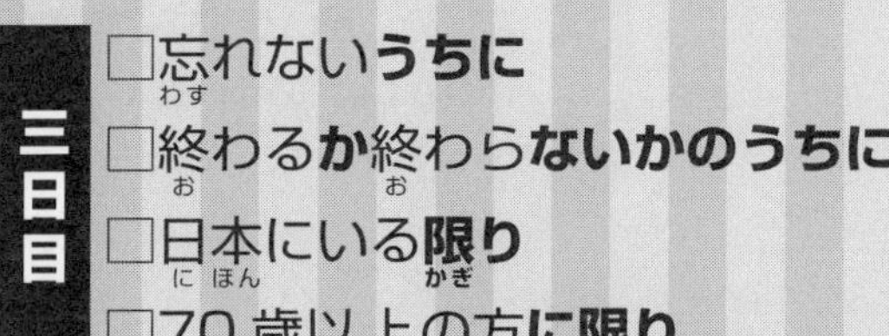

- □忘れないうちに
- □終わるか終わらないかのうちに
- □日本にいる限り
- □70 歳以上の方に限り

**四日目**

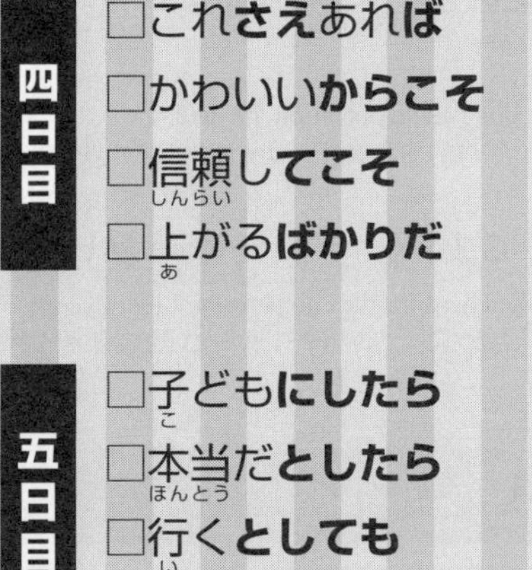

- □これさえあれば
- □かわいいからこそ
- □信頼してこそ
- □上がるばかりだ

**五日目**

- □子どもにしたら
- □本当だとしたら
- □行くとしても
- □社会参加を目的として

**六日目**

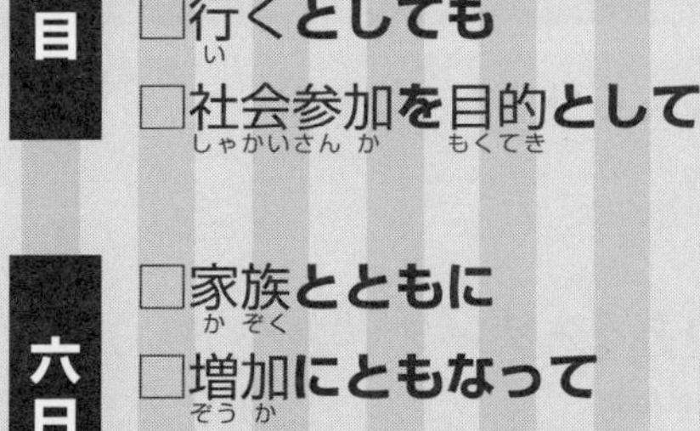

- □家族とともに
- □増加にともなって
- □年を取るにつれて
- □北へ行くにしたがって

# 第２週　やればやるほどおぼえられる

## １日目　がんばったかいがあって

It was worth the extra effort
有努力的价值
열심히 한 보람이 있어

### 努力のかいがあって

Vる/Vた ┐ かいが ある
Nまるの ┘ かいが（が）あって

努力の**かいあって**、希望の大学に合格した。
（＝努力の効果があって）
My efforts were rewarded because I got into the university I wanted to.
努力见成效了，考上了所希望的大学。　노력한 보람이 있어 희망하는 대학에 합격했다．

すてきな人と結婚できた。この年まで待った**かいがあった**。（＝待った効果があった）
I have found a wonderful man to marry. It was worth waiting until this age.
和非常出色的人结婚了。没白等到这个年纪。　멋진 사람과 결혼할 수 있었다．이 나이까지 기다린 보람이 있었다．

### 手術のかいもなく

Vた ┐ かいが ない
Nまるの ┘ かい（も）なく～

手術の**かいもなく**、愛犬が死んでしまった。
（＝手術の効果がなく）
Even though my pet dog had an operation, he died.
白动了手术，爱犬死了。　수술한 보람도 없이 애견이 죽어 버렸다．

予選で落ちてしまい、一生懸命練習した**かいがなかった**。（＝練習した効果が表れなかった）
Even though I practised hard for the competition, I feel like my efforts were wasted because I couldn't win through the prelims.
预选没被选上，白拼命练习了。　예선에서 떨어져 버려 열심히 연습한 보람이 없었다．

### やりがい

Vますがい
れい　生きがいを感じる
苦労のしがいが ある/ない
作りがいが ある/ない

やり**がい**のある仕事（＝やる価値）
work worth doing
有价值的工作　보람이 있는 일

教え**がい**のある生徒（＝教える効果が感じられる）
students worth teaching
值得教导的学生　가르치는 보람이 있는 학생

# 借金してまで／借金までして

**借金してまで／借金までして 海外旅行に行く**なんて、私には信じられない。（＝海外旅行に行くために借金までする）
I can't believe he went on a trip abroad on borrowed money.
甚至借钱去海外旅行，我真是无法相信。 빚을 내서까지 해외여행에 가다니, 나로서는 믿을 수 없다.

**いやな思いをしてまで／いやな思いまでして**、彼女と付き合うことないよ。（＝いやな思いをするくらいなら）
There is no reason for you to keep going out with her if you don't enjoy it.
我不想那么难受地去和她交往。 싫은 생각까지 하며 그녀와 사귈 필요 없어.

親に**うそをついてまで**遊びに行きたくない。（＝親にうそまでついて／親にうそをつくくらいなら）
I don't want to go if I have to lie about it to my parents.
不想为了玩甚至跟父母撒谎。부모에게 거짓말을 하면서까지 놀러 가고 싶지 않다.

> Vて まで(も)
> Nまで Vて
> ◆そんなことまで、という驚きを表す。

第二週

**練習Ⅰ** 正しいほうに○をつけなさい。

① 遠くまで（a. 来る　b. 来た）かいがあって、さがしていたものが見つかった。

② 会社を（a. 休んで　b. 休んだ）まで、子どもの運動会に来るなんて、熱心な親だ。

③ おいしいおいしいと食べてくれると、料理も（a. 作り　b. 作った）がいがある。

④ 高い薬を飲んだ（a. かいがあって　b. かいもなく）病気は治らなかった。

⑤ 犯人は顔（a. まで　b. までに）変えて逃げ続けた。

**練習Ⅱ** 下の語を並べ替えて正しい文を作りなさい。____に数字を書きなさい。

⑥ あきらめずに勉強を ____ ____ ____ ____ 合格した。

1　試験に　　2　かいが　　3　あって　　4　続けた

⑦ いくら仕事だといっても、体をこわして ____ ____ ____ ____ ありませんか。

1　する　　2　まで　　3　こと　　4　ないんじゃ

（答えは p.33）

**左ページ上の訳**

"My efforts have been rewarded because I have succeeded in losing weight."
"I would never have an operation to lose weight."
"没白努力，瘦了。" "我可不想为了瘦甚至去动手术。"
「노력한 보람이 있어 살이 빠졌습니다.」「수술해서까지 살을 빼고 싶다고는 생각하지 않는다.」

28 ページの答え：　①c　②c

# ２日目　ありえない

Impossible
不可能
있을 수 없다

数え切れない。
……ありえない！

## 読みかける

読みかけの本が何冊もある。（＝読み終わっていない）
There are still many books I haven't finished reading.
有好几本没读完的书。　읽다 만 책이 몇 권이나 있다.

彼女は何か言いかけてやめた。（＝言おうとして）
She began to say something and stopped.
她好像欲言又止。　그녀는 뭔가 말하려다가 그만뒀다.

私は、子どものとき、病気で死にかけたことがある。（＝死にそうになった）
I almost died from a illness when I was a child.
我小的时候曾因生病差点丧命。　나는 아이때, 병으로 죽을 뻔 한적이 있다.

Vます ［かける／かけの N／かけだ

れい　食べかける／やりかける
忘れかける／枯れかける

## 読み切る

この小説はおもしろくて、１日で読み切った。
（＝全部読んだ）
This novel was so interesting that I finished reading it in a day.
这本小说很有趣，我用一天就读完了。　이 소설은 재미있어서, 하루에 다 읽었다.

彼は疲れ切った顔をしている。（＝ひどく疲れた）
He looks extremely tired.
他一脸疲惫。　그는 피곤에 지친 얼굴을 하고 있다.

Vます ［切る／切れる

Vます切れない（＝完了しない）

◆ 全部使って、残っていない様子。
An apparent situation in which everything is used with nothing remaining.
全用光没有剩余。
전부 써서 남아있지 않은 모습.

## ありえる／ありうる　《～得る》

博士でも間違うことはありえる。（＝間違う可能性がある）
It is even possible for doctors to make mistakes.
就是博士也有可能出错。　박사라도 틀릴 수는 있다.

これが私の知りうるすべての情報です。（＝知ることができる）
This is all the information that I could get.
这是我所能知道的所有信息。　이것이 내가 알 수 있는 모든 정보입니다.

Vますえる／うる
Vますえない（＝あるはずがない）

ダメ　ありうない
ありうます

## やり抜く

大変な仕事でも、やり**抜く**自信があります。
(＝がんばって最後までやる)
I have confidence to finish even difficult jobs.
再难的工作我也有坚持到底的信心。　힘든 일이라도 끝까지 해 낼 자신이 있습니다.

彼はあきらめずにゴールまで走り**抜いた**。
(＝がんばって最後まで走り続けた)
He ran all the way to the goal line without giving up.
他没有放弃，一直坚持跑到终点。　그는 포기하지 않고 골인지점까지 끝까지 달렸다.

V~~ます~~抜く

れい 悩み**抜く**／考え**抜く**／耐え**抜く**／守り**抜く**／戦い**抜く**／生き**抜く**

◆最後までその状態を続けること。
When that condition continues until the end.
该状态持续到最后。
최후까지 그 상태를 이어가는 것.

ダメ 使い抜く→OK 使い切る

**練習Ⅰ** 正しいほうに（どちらも正しい場合は両方に）○をつけなさい。

① やり（a. かけた　b. ぬいた）ことは、最後までやり（a. かけよう　b. ぬこう）。

② 心から信じ（a. きって　b. かけて）いた人にだまされた。

③ 彼がそんなことを言うなんて、あり（a. えない　b. うない）。

④ そういう問題は、起こり（a. える　b. うる）だろう。

⑤ そんなことはあなたに言われるまでもなく、わかり（a. きった　b. かけた）ことだ。

**練習Ⅱ** 下の語を並べ替えて正しい文を作りなさい。＿＿に数字を書きなさい。

⑥ 使い ＿＿ ＿＿ ＿＿ ＿＿ 夢を見た。

1　ほどの　　2　切れない　　3　もらった　　4　お金を

⑦ 考え ＿＿ ＿＿ ＿＿ ＿＿ 試してみたが、だめだった。

1　すべての　　2　を　　3　方法　　4　うる

(答えは p.35)

**左ページ上の訳**

There's so many. I can't finish counting them. ... It's impossible.
数不过来。…不可能啊！
셀 수 없다. ... 있을 수 없어!

| 31 ページの答え：　Ⅰ－①b　②a　③a　④b　⑤a　　Ⅱ－⑥4→2→3→1　⑦2→1→3→4 |
|---|

# 第2週　やればやるほどおぼえられる

## 3日目　本日限り

Only today
仅限今天
오늘 한정

## 忘れないうちに

忘れないうちに、メモしておこう。（＝覚えている間に）
I will make a quick note before I forget.
趁着还没忘，我记下来。　잊어 버리기 전에 , 메모해 둬야지 .

桜がきれいなうちに、お花見に行きましょう。（＝きれいな間に）
Let's go to see the cherry blossoms while they are still beautiful.
趁着樱花还很漂亮，我们去赏花吧。　벚꽃이 아름다울 때 , 벚꽃놀이 갑시다 .

Vない / Vている / Aい / naな / Nの　うちに

## 終わるか終わらないかのうちに

授業が終わるか終わらないかのうちに、彼は教室を出た。（＝終わると同時に）
He left the classroom as soon as the class ended.　刚一下课，他就离开了教室。　수업이 끝나는 것과 동시에 그는 교실을 나갔다 .

布団に入るか入らないかのうちに眠ってしまう。（＝入ると同時に）
I fell fast asleep the moment I got under the covers.　刚钻进被窝就睡着了。　이부자리 속에 들어감과 동시에 잠들어 버리다 .

Vるか Vないかの うちに

## 日本にいる限り

❶日本にいる限り、日本語は必要だ。（＝日本にいる間は）
As long as you are in Japan, you will need to know Japanese.
只要在日本，就需要日语。　일본에 있는 한 , 일본어는 필요하다 .

悪い生活習慣を改めない限り、健康にはなれない。（＝改めない間は）
If you don't improve your bad living habits, you will not be able to be healthy.
不改掉不好的生活习惯，就不可能健康。　나쁜 생활 습관을 고치지 않는 한 건강해지지 않는다 .

❷私の調べた限り（では）、こういう研究はだれもしていない。（＝調べた中では）
I surveyed the literature, but no one so far has conducted this type of research.
据我的调查，还没有人做这种研究。
내가 조사한 바로는 이러한 연구는 누구도 하고 있지 않다 .

❶ Vる/Vない / Aい/Aくない / naな/naである / Nである　限り / 限りは

❷ Vる/Vた / Vている　限り（では）

◆「～の範囲内で判断すると」の意味。

れい　私の知る限り
彼から聞いた限り
昨日見た限り

## 70歳以上の方に限り

70歳以上の方に限り、入場無料。(＝70歳以上の人だけ特別に)
Admission is free only for those who are 70 years old or older.
70岁以上人士入场免费。 70세 이상의 분에 한해, 입장 무료.

最近は、女性に限らず男性も化粧をする。(＝女性だけでなく男性も)
Recently, not only women but men as well wear make-up.
最近不仅限于女性，男性也化妆。 최근에는, 여성에 한하지 않고 남성도 화장을 한다.

雨だ。今日に限ってかさを持ってこなかった。
(＝いつもと違って今日だけ)
It's raining. Today of all days I don't have an umbrella. 下雨了，就今天没带伞。 비다. 오늘에 한해 우산을 가지고 오지 않았다.

うちの子に限って悪いことをするはずがない。(＝ほかの子と違ってうちの子だけは)
(Unlike other children,) our child absolutely would not do bad things.
我家孩子肯定不会做坏事。 우리집 애에 한해 나쁜 짓을 할 리가 없다.

Nに ┌ 限り
　　 ├ 限って
　　 └ 限らず ～も
N〈数量／時間〉限り
れい 本日限り／一回限り
ダメ 女性限り／東京限り

第二週

**練習Ⅰ** 正しいほうに○をつけなさい。

① 両親が元気(a. なうちに　b. かのうちに)、旅行に連れていきたい。

② 女性(a. かぎり　b. にかぎり)、ランチにデザートがついています。

③ 雨が降りそうだから、(a. 降る　b. 降らない) うちに帰ろう。

④ 私の(a. 知る　b. 知らない) 限り、ここにそんな人はいません。

⑤ 日本人に(a. 限らず　b. 限って)、どの国の人も自分の国の政治には不満があると思う。

**練習Ⅱ** 下の語を並べ替えて正しい文を作りなさい。＿＿に数字を書きなさい。

⑥ いただきます、＿＿ ＿＿ ＿＿ ＿＿ 食べ始めた。

1 言わないか　2 言うか　3 と　4 のうちに

⑦ ＿＿ ＿＿ ＿＿ ＿＿ しなければならない。

1 学生　2 かぎり　3 勉強　4 である

(答えは p.37)

**左ページ上の訳**

"Only today! Cheap now!! Buy now!"
" 仅限今天！ 趁着便宜快买啊！ 机不可失！ "
「오늘 한정! 쌀 때! 지금 바로!」

33ページの答え： Ⅰ－①a、b ②a ③a ④ab ⑤a Ⅱ－⑥2→1→4→3 ⑦4→1→3→2

# 4日目　君さえいれば

If you were only here
只要有你在
너만 있으면

## これさえあれば

携帯電話を買った。**これさえあれば**、時計もカメラもいらない。
(＝これがあるだけで)

I bought a cell phone. Now that I have this, I don't need a watch or a camera.
我买了手机，只要有手机，手表和照相机都不需要了。
휴대전화를 샀다. 이것만 있으면, 시계도 카메라도 필요 없다.

この薬を**飲みさえすれば**、すぐに治ります。(＝飲むだけで)

If you take this medicine, it alone will help you to recover immediately.
只要吃了这个药，病马上就能好。　이 약을 마시기만 하면, 바로 낫습니다.

> Nさえ ─ Vば / Aければ / naなら / Nなら
> V~~ます~~さえ すれば

## かわいいからこそ

子どもが**かわいいからこそ**、しかるんです。(＝本当にかわいいから)

I scold my children because I care for them.
正因为疼爱孩子，才会训斥他。　아이가 귀여우니까 혼내는 것입니다.

**努力したからこそ**、成功したんです。(＝たいへん努力したから)

I succeeded by working hard.
正因为努力了，才会成功。　노력했으니까 성공한 것입니다.

厳しく注意したのは、あなたのことを**思えばこそ**です。
(＝本当に思っているから)

I warned you because I care for you.　之所以严厉提醒，正是为你着想。　엄격하게 주의한 것은 당신을 생각해서 입니다.

> V/A/na/N 普 からこそ
> Vば / Aければ / naであれば / Nであれば ─ こそ
> ◆理由を強調する。

## 信頼してこそ

お互いに**信頼してこそ**、悩みも言える。(＝信頼して、はじめて)

We talk about each other's problems because we trust each other.
正因为彼此信任，才能说出烦恼。　서로 신뢰를 해서야 말로 고민도 말할 수 있다.

**親になってこそ**、親の苦労がわかる。(＝親になって、はじめて)

Now that I am a parent, I realise the difficulties of being one.
只有当了父母，才会明白父母的辛苦。　부모가 되어서야 말로 부모의 고민을 안다.

> Vてこそ
> ◆ ＝「Vて はじめて」

# 上がる**ばかりだ**

❶ 物価は上がる**ばかりだ**。(＝上がり続けている)
The cost of living just keeps going up. 物价持续上升。 물가는 올라갈 뿐이다.

状況は悪化する**ばかりだ**。(＝悪化し続けている)
The situation is just getting worse. 情况不断恶化。 상황은 악화될 뿐이다.

❷ 事故がないようにと**ただ**祈る**ばかりだ**。(＝祈るだけだ)
I just pray that there will be no accidents,
只是祈祷不要发生事故。 사고가 없도록 단지 빌 뿐이다.

解決策はない。**ただ**忍耐ある**のみだ**。(＝忍耐するだけだ)
There is no solution. I just have to bear it. 没有解决办法。只能忍耐。 해결책은 없다. 단지 인내가 있을 뿐이다.

❶ Vる**ばかりだ**

❷ (ただ) Vる ┌**ばかりだ** └**のみだ**硬

第二週

**練習Ⅰ** 正しいほうに○をつけなさい。

① 出席 (a. する　b. して) こそ、授業の意味があるのです。

② 子どもの将来を思えば (a. こそ　b. さえ) 一流の大学に入れたいのです。

③ 根本的な問題を解決しなければ、財政は苦しく (a. なる　b. なった) ばかりだ。

④ この仕事が好きだ (a. からこそ　b. こそから) つらくても続けられるのだと思う。

⑤ 勉強さえ (a. にしたら　b. すれば)、テストは難しくない。

**練習Ⅱ** 下の語を並べ替えて正しい文を作りなさい。＿＿に数字を書きなさい。

⑥ お互いに率直に ＿＿ ＿＿ ＿＿ ＿＿ し合えるのです。

1　理解　　2　合って　　3　話し　　4　こそ

⑦ この仕事は ＿＿ ＿＿ ＿＿ ＿＿ だれにでもできます。

1　あり　　2　やる気が　　3　すれば　　4　さえ

(答えは p.39)

**左ページ上の訳**

"I am so happy if you are only here. I scold you sometimes but that's because I love you."
" 只要你在我就幸福。正因为疼爱你，所以有时才会训斥你。"
「너만 있으면 행복해. 귀여우니까말로 혼내는것도 있는것이다.」

| 35ページの答え： Ⅰ－①a ②b ③b ④a ⑤a Ⅱ－⑥3→2→1→4 ⑦1→4→2→3 |
|---|

# 5日目　外国へ行く**としたら**

If I were to go abroad
假设去外国
외국에 가려고 하면

外国へ行く**としたら**、
ただの旅行ではなく、
勉強**を**目的**として**行きたい。

## 子ども**にしたら**

大きすぎる親の期待は、子ども**にしたら**苦痛だ。
(＝子どもには)

Expectations of parents that are too big become agony for the children.
父母对孩子过分的期待，对孩子来说是一种痛苦。
너무 큰 부모님의 기대는 아이로서는 고통이다.

犬や猫はかわいいが、飼っていない人**にすれば**迷惑なこともある。(＝飼っていない人には)

Dogs and cats are cute, but for those who do not have them, they can be a nuisance.
小猫小狗很可爱，但对于那些不养宠物的人来说，有时会造成困扰。
개나 고양이는 귀엽지만, 키우지 않는 사람으로서는 폐가 되는 점도 있다.

Nに
- したら
- すれば
- してみたら
- してみれば

◆～の立場になってみれば
If I were~
站在～的立场上
～의 입장이 되어 보면

## 本当だ**としたら**

もし、それが本当だ**としたら**、夢のようです。(＝本当なら)

If that is true, it's like a dream.
如果那时真的话，那简直像在做梦。　만약, 그것이 정말이라고 한다면 꿈만 같습니다.

あの人が今も生きている**とすれば**、もう90歳になっているでしょう。(＝もし生きているなら)

If that person was still living today, he would be 90 years old.
如果那人现在还活着，应该 90 岁了吧。　저 사람이 지금도 살아 있다면, 아마 90 살이 됐겠지요.

V/A/na/N㊢と
- したら
- すれば

## 行く**としても**

行く**としても**、旅行者としてしか行けない。
(＝行くかどうかわからないが、行く場合でも)

If I go, I could only go as a traveler.
即便是去，也只能以旅行者的身份去。　간다고 해도 여행자로서밖에 갈 수 없다.

負けてくやしいのは、選手だけでなく監督**にしても**同じだ。(＝監督の場合でも)

It's not just the athletes who regret losing, even the coach feels the same.
输了觉得遗憾的不只是运动员，教练也是一样的。　져서 분한 것은 선수뿐만 아니라, 감독도 마찬가지다.

V/A/na/N㊢
na/N
- としても
- としたって

V/A/na/N㊢
❗na~~だ~~/N~~だ~~
- にしても
- にしたって

第二週

# 社会参加を目的として

この祭りは、住民の社会参加を目的として始められた。
(＝住民の社会参加が目的で)
The goal of this festival was to have residents participate in the local society.
这项假日活动是以居民的广泛参与为目的发起的。 이 축제는 주민의 사회 참여를 목적으로 시작되었다.

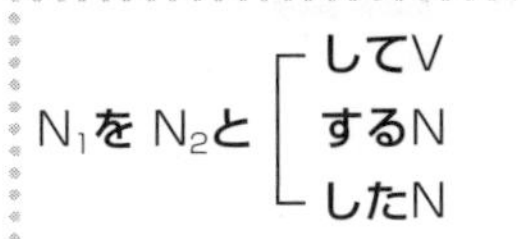


山田さんをリーダーとするサークルを作る。(＝山田さんがリーダーの)
We will make a club with Yamada-san as the leader. 以山田为首，成立了社团。 야마다 씨를 리더로 하는 서클을 만든다.

環境問題をテーマとしたテレビ番組を見る。(＝環境問題がテーマの)
I watch TV programs about environmental problems. 看以环境问题为主题的电视节目。 환경 문제를 테마로 한 텔레비전 방송을 보다.

**練習Ⅰ** 正しいほうに○をつけなさい。

① このクラスでは新聞を教材（a. として　b. にしたら）使います。

② 彼（a. にしたら　b. にしたって）大したことではないだろうが、私にとっては重大な問題だ。

③ 旅行する（a. として　b. としたら）、夏休みにしようと思います。

④ この集まりは、国際交流を目的（a. として　b. とした）ものです。

⑤ もし男に生まれた（a. としては　b. としても）、この仕事をしたい。

**練習Ⅱ** 下の語を並べ替えて正しい文を作りなさい。____に数字を書きなさい。

⑥ ちょっと信じられないことだが、もしそれが ____ ____ ____ ____ だ。

1　としたら　　2　事実だ　　3　ものすごい　　4　発見

⑦ これは ____ ____ ____ ____ 作品です。

1　作られた　　2　平和を　　3　として　　4　テーマ

(答えはp.41)

**左ページ上の訳**

If I ever have a chance to go abroad, I would like to study instead of just travelling.
如果去外国的话，不想只是为了旅游，想以学习为目的去。
외국에 간다면, 단지 여행이 아니라, 공부를 목적으로 가고 싶다.

37ページの答え： Ⅰ－①b　②a　③a　④a　⑤b　Ⅱ－⑥3→2→4→1　⑦2→1→4→3

# 第2週　やればやるほどおぼえられる

## 6日目　高くなるにしたがって

As you climb higher
随着不断升高
높아질수록

高くなる**にしたがって**
空気が薄くなる。
空気が薄くなる**につれて**、
息が苦しくなる。

### 家族**とともに**　《～共に》

家族**とともに**来日した。（＝家族と一緒に）
I came to Japan with my family.
和家人一起来到了日本。　가족과 함께 내일했다.

Nと ┐
Vると ┘ともに

自動車が普及する**とともに**、事故も増加した。（＝普及したら、一緒に）
With the increase in the number of cars, accidents also increased.
随着汽车的普及，事故也增加了。　자동차가 보급됨과 함께 사고도 증가했다.

### 増加**にともなって**　《～に伴って》

人口の増加**にともない**、資源の消費量も増える。（＝増加と一緒に）
As the population increases, the consumption of resources also increases.
伴随着人口的增加，资源的消费量也增加了。　인구 증가에 수반하여, 자원의 소비량도 증가한다.

N~~する~~に ┐ ともない
Vるのに　│ ともなって
Vたのに　┘ ともなう N

マラソン大会が行われるの**にともなって**、この道路は通行止めになります。（＝行われるのと一緒に）
Because of the upcoming marathon, this road will be closed.
随着马拉松比赛的开赛，这条道路也被封锁了。　마라톤 대회가 행해짐에 따라, 이 도로는 통행금지가 됩니다.

### 年を取る**につれて**

年を取る**につれて**、体のいろいろな機能が低下する。
（＝年を取ると、だんだんに）
As you get older, the various functions of your body deteriorate.
随着年龄的不断增长，身体的各种机能也下降了。　나이가 들어감에 따라, 몸의 여러 가지 기능이 저하한다.

N~~する~~に ┐ つれて
Vるに　　┘ つれ

町の発展**につれて**、自然が少なくなった。（＝町が発展していくのに合わせて）
As the town developed, natural areas decreased.
随着城市的发展，自然风光也变少了。　마을의 발전에 따라, 자연이 적어졌다.

## 北へ行くにしたがって 《～に従って》

**北へ行くにしたがって**、紅葉は早くなる。
(＝北へ行くにつれて)
As you go north, you will get autumn colors earlier.
越往北，红叶红得越早。 북으로 감에 따라 단풍은 빨라진다.

**予定表にしたがい**、学習を進める。(＝予定表のとおりに)
I undertake my studies according to the schedule.
按计划表，进行学习。 예정표에 따라 학습을 진행한다.

Nに／Vるに ┐したがって ┘したがい

ダメ 予定表につれて

れい 時間がたつにしたがって
成長(する)にしたがって
指示/ルールにしたがって

第二週

**練習Ⅰ** 正しいほうに（どちらも正しい場合は両方に）○をつけなさい。

① 温度が上がる（a. とともに　b. につれて）、湿度も上がった。

② 引っ越し（a. につれて　b. にともない）、電話番号も変わりました。
〈ヒント〉引っ越しのために

③ 外国語は、上達する（a. とともに　b. にしたがって）難しさもわかってくる。

④ 社会が（a. 変化　b. 変化する）のに伴って、言葉も変化する。

⑤ この小説は、（a. 読む　b. 読み）につれて、だんだんおもしろくなってきた。

**練習Ⅱ** 下の語を並べ替えて正しい文を作りなさい。＿＿に数字を書きなさい。

⑥ 学生 ＿＿ ＿＿ ＿＿ ＿＿ べきだ。
1　教師も　2　成長　3　していく　4　とともに

⑦ 係員の ＿＿ ＿＿ ＿＿ ＿＿ ください。
1　車を　2　指示に　3　したがって　4　止めて

(答えはp.44)

**左ページ上の訳**

As you climb higher, the air becomes thinner. As the air gets thinner, it becomes harder to breathe.
随着不断升高，空气越来越稀薄。随着空气不断变得稀薄，呼吸越来越困难。
높아질수록 공기가 희박해진다. 공기가 희박해짐에 따라, 숨쉬기가 괴로워진다.

39ページの答え： Ⅰ－①a ②a ③b ④b ⑤b　Ⅱ－⑥2→1→3→4 ⑦2→4→3→1

# 7日目　実戦問題（じっせんもんだい）

Practice Exercise
实战问题
실전문제

制限時間（せいげんじかん）：15分（ふん）
1問（もん）4点（てん）

点数（てんすう）　／100

（答（こた）えは別冊（べっさつ）p.2～3）

**問題１** 次の文の（　　）に入れるのに最もよいものを、１・２・３・４から一つ選びなさい。

**1** マフラーを編み（　　　）、途中でやめてしまった。

1　えて　　2　かけて　　3　きって　　4　ぬいて

**2** そのスポーツは、もともと身を守ることを目的（　　　）考え出されたものだ。

1　とともに　　2　につれて　　3　にとって　　4　として

**3** スープ、（　　　）うちに召し上がってください。

1　冷め　　2　冷める　　3　冷めて　　4　冷めない

**4** 悩み（　　　）、結局、彼は真実を話した。

1　かけて　　2　ぬいて　　3　えて　　4　かぎって

**5** 生徒がやる気を出さない（　　　）、いくら先生が一生懸命（けんめい）教えても上達しないでしょう。

1　かぎり　　2　ほど　　3　くらい　　4　とともに

**6** 勉強していないところ（　　　）、試験に出る。

1　にとって　　2　にしたら　　3　にかぎって　　4　にともなって

**7** まだ古いのが残っているから、使い（　　　）から新しいのを使おう。

1　かけて　　2　えて　　3　きって　　4　ぬいて

**8** 夜が明けるか明けないか（　　　）、彼らは働き始める。

1　のかぎり　　2　とともに　　3　につれて　　4　のうちに

**9** 小学生以下のお子さん（　　　）、プレゼントをさしあげます。

1　かぎり　　2　にかぎり　　3　として　　4　にとって

**10** あなたの健康を考える（　　　）お酒を飲ませないのです。

1　ほど　　2　くらい　　3　からこそ　　4　にかぎって

**11** 体（　　　）元気なら、なんとか生活していけるだろう。

1　ほど　　2　かぎり　　3　さえ　　4　として

**12** 無料体験レッスンは１回（　　　）です。

1　かぎり　　2　くらい　　3　さえ　　4　として

**13** あんなにいい人が悪いことをするなんて、あり（　　　）。

1　える　　2　うる　　3　えない　　4　うない

**14** これは１週間分の食事のメニューです。このメニュー（　　　）、料理を作ってください。

1　につれて　　2　にしたがって　　3　にともなって　　4　とともに

**15** 明日は首相がこの町を訪問します。それに（　　　）この道路は混雑が予想されます。

1　ともなって　　2　つれて　　3　したがって　　4　ともに

**問題２** 次の文の＿★＿に入る最もよいものを、１・２・３・４から一つ選びなさい。

**16** 漢字も聞き取りも読解もまあまあの成績だから、＿＿＿　＿＿＿　＿★＿　＿＿＿でしょう。

1　やれば　　2　文法　　3　いい　　4　さえ

**17** ホテルや旅館の料金は、休日のほうが高い。このシステムは＿＿＿　＿＿＿　＿★＿　＿＿＿。

1　旅行できない　　2　人にしたら　　3　休日しか　　4　つらい

**18** パーティーの準備はすべて終わって、＿＿＿　＿＿＿　＿★＿　＿＿＿だ。

1　ばかり　　2　あとは　　3　待つ　　4　お客様を

**19** ここ＿＿＿　＿＿＿　＿★＿　＿＿＿就職率が大幅に低下した。

1　景気の　　2　数年の　　3　にともない　　4　悪化

**20** 携帯（けいたい）電話が＿＿＿　＿＿＿　＿★＿　＿＿＿使われなくなった。

1　公衆（こうしゅう）電話は　　2　する　　3　普及（ふきゅう）　　4　につれて

**問題3** 次の文章を読んで、21 から 25 の中に入る最もよいものを、１・２・３・４から一つ選びなさい。

ここ数年、温室効果ガスの増加にともない、地球全体の気温が上がってきている。様々な国や地域（ちいき）の努力の 21 、その状況は悪化 22 。このままでは南極の氷がすべて溶けてしまうということも 23 という。そうなると海面が上昇し、小さな島などは沈んでしまうこともある。国の面積が小さくなってしまうので、コンクリートなどで海岸を 24 それを食い止めようとしているところもあるらしい。私たちは生きている 25 、この地球に住み続けなければならない。まだ取り返しのつくうちに生活の仕方を改めていくことが、将来の地球の運命を決めることにつながるのではないだろうか。

21　1 さえあれば　2 かいがあって　3 限り　4 かいもなく

22　1 するばかりだ　2 しないことはない
3 してはならない　4 してはいられない

23　1 あるかいもない　2 ありえない　3 ある限りだ　4 ありうる

24　1 保護（ほご）さえすれば　2 保護してまで
3 保護したからこそ　4 保護したかいがあって

25　1 限り　2 ばかり　3 としても　4 うちに

## 敬語（けいご）　自分（じぶん）について話（はな）す②

✤ 先生（せんせい）のことを(私（わたし）は)よく知（し）っています → **存（ぞん）じ上（あ）げております**
✤ その件（けん）について(私（わたし）は) 知（し）っています → **存（ぞん）じております**
✤ すばらしいと思（おも）います → **存（ぞん）じます**
✤ 受（う）け取（と）ります/見（み）ます/読（よ）みます/借（か）ります → **拝受（はいじゅ）/拝見（はいけん）/拝読（はいどく）/拝借（はいしゃく） (いた)します**

**【問（と）い】** 正（ただ）しいものを（　　）から一（ひと）つ選（えら）びなさい。(答（こた）えは p.47)

先生（せんせい）：君（きみ）はこの本（ほん）を知（し）っていますか。
学生（がくせい）：はい、① (a. ご存（ぞん）じです　b. 存（ぞん）じます　c. 存（ぞん）じております)。
先生（せんせい）のお書（か）きになったご本（ほん）ですね、②(a. 拝読（はいどく）　b. 拝受（はいじゅ）　c. 拝借（はいしゃく))いたしました。

41ページの答え：Ⅰ－① ab　② b　③ ab　④ b　⑤ a　Ⅱ－⑥ 4→1→2→3　⑦ 2→3→1→4

# おぼえないわけにはいかない

You must remember

不可能记不住

외우지 않을 수 없다

## 今週(こんしゅう)の表現(ひょうげん)

**一日目**

- □言(い)った**とおり**
- □言(い)われる**ままに**
- □驚(おどろ)いた**ことに**
- □緊張(きんちょう)の**あまり**

**二日目**

- □寒(さむ)い**わけだ**
- □ほしくない**わけではない**
- □する**わけがない**
- □休(やす)む**わけにはいかない**

**三日目**

- □開(あ)け**たとたん**
- □騒(さわ)いだ**あげく**
- □悩(なや)んだ**末(すえ)**
- □来**たかと思(おも)ったら**

**四日目**

- □お忙(いそが)しい**ところ**
- □検査(けんさ)し**たところ**
- □仕事(しごと)**どころではない**
- □夏休(なつやす)み**どころか**

**五日目**

- □間違(まちが)い**だらけ**
- □行(い)っ**たきり**
- □立(た)ち**っぱなし**

**六日目**

- □予想(よそう)**に反(はん)して**
- □便利(べんり)な**反面(はんめん)**
- □水(みず)に強(つよ)い**一方(いっぽう)**
- □進(すす)む**一方(いっぽう)だ**

# 1日目　予報どおり

Just as the forecast says
如预报所言
예보대로

困ったことに、
雨が降ってきた。
いつも外れるのに、
きょうは予報どおりだ。

## 言ったとおり 《通り》

友達が言ったとおり、日本の物価は高い。（＝言ったことと事実は同じで）
Just as my friend said, prices in Japan are expensive.
如朋友所说，日本物价很贵。　친구가 말한 대로，일본의 물가는 비싸다.

自分の思うとおりに生きることは難しい。（＝思うのと同じように）
Things don't always go as one plans.
按自己的设想去生活很难。　자신이 생각한 대로 살아가는 것은 어렵다.

希望どおり（＝希望と同じように）
アドバイスどおり（＝アドバイスと同じように）

| | |
|---|---|
| Vる / Vた / Nの | とおり / とおりに / とおりだ / とおりの N |
| N | どおり / どおりに / どおりだ / どおりの N |

## 言われるままに

セールスマンに言われるまま、契約書にサインをしてしまった。
（＝言われるとおりに）
I signed the contract just as the salesman told me to.
完全按照推销员说的，在合同上签字了。　세일즈맨에게 듣는대로 계약서에 사인을 해 버렸다.

足の向くままに歩く（＝向くとおりに）
wonder around　信步走路　발이 향하는 대로 걷는다

| | |
|---|---|
| Vる / Vられる | まま（に） |

## 驚いたことに

驚いたことに、彼女は同じ相手と２回も離婚して再婚しているんです。（＝驚いたことですが）
What surprised me was that she divorced and remarried the same person twice.
让人吃惊的是，她和同一个人离了２次婚然后又再婚。
놀랍게도，그녀는 같은 상대와 2 번이나 이혼하고 재혼한 것입니다.

おもしろいことに、隣の家も、その隣の家も、うちと同じ名字なのです。（＝おもしろいことですが）
What is interesting is that the family next door and its neighboring family as well have the same surname as mine.
有趣的是，我们家和邻居、以及邻居的邻居都是同样的姓。　재미있게도，이웃집도，그 이웃집도 우리와 같은 성씨입니다.

| | |
|---|---|
| Aい / naな / Vた | ことに |

れい　うれしいことに
申し訳ないことに
残念なことに
間抜けなことに

## 緊張のあまり

**緊張のあまり**、体が震えた。（＝緊張しすぎて）
I was so nervous that my body was shaking.
由于过于紧张，身体都发抖了。　긴장한 나머지，몸이 떨렸다．

**心配するあまり**、母は寝込んでしまった。（＝心配しすぎて）
The mother's sick with worry.
由于过于担心，妈妈病倒了。　걱정한 나머지 어머니는 몸져 눕고 말았다．

Nの
naな
Vる
→ あまり

❗ うれし~~い~~さのあまり
悲し~~い~~みのあまり

れい 怒りのあまり／驚きのあまり
急ぐあまり／恐れるあまり



### 練習Ⅰ　正しいほうに○をつけなさい。

① 会は予定（a. とおり　b. どおり）行われた。

②（a. 不思議な　b. 不思議）ことに、同じ夢を毎晩見た。

③ そのコンサートでは興奮（a. あまり　b. のあまり）気を失うファンも続出した。

④ 思う（a. まま　b. どおり）自由にかいた絵が評価された。

⑤（a. くやしい　b. くやしさの）ことに、また負けてしまった。

### 練習Ⅱ　下の語を並べ替えて正しい文を作りなさい。＿＿に数字を書きなさい。

⑥ 料理の本に ＿＿ ＿＿ ＿＿ ＿＿ 失敗した。

1　のに　　2　書いてある　　3　作った　　4　とおりに

⑦ 事件の現場を見てしまった私は ＿＿ ＿＿ ＿＿ ＿＿ 。

1　ショック　　2　出なかった　　3　のあまり　　4　声も

（答えはp.49）

**左ページ上の訳**

Unfortunately, it's started to rain. Even though it is always wrong, today the forecast is right on.
不巧的是，下起了雨。预报总是报得不准，今天却被说中了。
곤란하게도，비가 내렸다．항상 빗나가는데，오늘은 예보대로다．

44ページの答え：　①c　②a

# ２日目　太るわけだ

No wonder I'm putting on weight
那当然会胖了
찔 만도 하다

食べたい**わけではない**が、
食べ物があると食べてしまう。
太る**わけだ**。
やせられる**わけがない**。

## 寒い**わけだ**

寒い**わけだ**。雪が降っている。（＝寒いのは当然だ）
No wonder it's cold. It's snowing.
难怪这么冷。现在下雪了嘛。　추울 만도 하다 . 눈이 내리고 있어 .

定価が１万円で、２割引きだから
８千円になる**わけだ**。（＝結局８千円になる）
The fixed price is 10,000 yen, and there is a 20% discount, so that is why it comes to 8,000 yen.
原价一万日元，八折当然是８千日元了。　정가가 만엔이고 , 20% 할인이니까 8 천엔인 셈이다 .

A/na/V 普 ＼ わけだ
❗ na~~だ~~な ／

OK Vている/Vていた ＼ わけだ
Vられる/Vさせる ／

## ほしくない**わけではない**

ほしくない**わけではない**けれど、お金がない
から買えないんです。（＝ほしいですが）
It's not that I don't want it, but I just can't afford it.
并非不想要，但没有钱，没法买。
갖고 싶지 않은 것은 아니지만 , 돈이 없어서 살 수 없는 것입니다 .

A/na/V 普 ＼ わけでは ない
❗ na~~だ~~な ／ わけでも ない

OK Vている/Vていた ＼ わけでは ない
Vられる/Vさせる ／ わけでも ない

テレビはつけてあるが、見ている**わけでもない**。（＝特に見ていない）
The TV has been turned on, but that doesn't mean I am watching it.
电视开着，但并没有在看。　텔레비전은 켜져 있지만 , 딱히 보고 있지는 않다 .

## する**わけがない**

うちの子がそんなことをする**わけがない**。
（＝するはずがない／絶対にしない）
There's no way that my child would do such a thing.
我家孩子不可能做那种事情。　우리 애가 그런 짓을 할 리가 없다 .

A/na/V 普 ＼ わけが ない
❗ na~~だ~~な ／ わけは ない

OK Vている/Vていた ＼ わけは ない
Vられる/Vさせる ／ わけが ない

ほめられて、うれしくない**わけがない**。（＝うれしくないはずがない／絶対にうれしい）
There is no reason for me not to be happy for all the compliments I have received.
受表扬不可能不高兴。　칭찬받고 기쁘지 않을 리가 없다 .

# 休む(やす)わけにはいかない

重要(じゅうよう)な会議(かいぎ)があるので、病気(びょうき)でも会社(かいしゃ)を**休む(やす)わけには**
**いかない**。(＝休む(やす)ことはできない)

I can't afford to take sick leave as there is a very important meeting at work.
因为有重要会议，所以就是生病也不能请假。
중요한 회의가 있어서 병에 걸렸는데도 회사를 쉴 수 없다.

| | |
|---|---|
| Vる<br>Vない<br>Vている<br>Vさせる | **わけには いかない**<br>**わけにも いかない** |

税金(ぜいきん)は、高(たか)くても払(はら)わない**わけにはいかない**。(＝払(はら)わなければならない)

Even if it is high, there's no way you avoid paying your tax.
税再高，也不能不缴啊。　세금은 비싸도 내지 않을 수 없다.

第三週

**練習Ⅰ** 正(ただ)しいほうに○をつけなさい。

①もう12時(じ)か。おなかがすくわけ（a. だ　b. ではない）。

② あの学生(がくせい)はいつも授業(じゅぎょう)に来(こ)ないから、試験(しけん)の結果(けっか)がいいわけ（a. ではない　b. がない）。

③ 用事(ようじ)があるので、台風(たいふう)でも出(で)かけないわけには（a. いかない　b. いけない）。

④ 毎日(まいにち)牛乳(ぎゅうにゅう)を飲(の)んでいるのは体(からだ)にいいからで、特(とく)に好(す)きなわけ（a. ではない　b. がない）。

⑤ 電池(でんち)が入(はい)っていないのだから、動(うご)くわけ（a. ではない　b. がない）。

**練習Ⅱ** 下(した)の語(ご)を並(なら)べ替(か)えて正(ただ)しい文(ぶん)を作(つく)りなさい。＿＿に数字(すうじ)を書(か)きなさい。

⑥ 仕事(しごと)がこんなにたくさんあるんです。＿＿　＿＿　＿＿　＿＿。

1　わけが　　2　忙(いそが)しく　　3　ありません　　4　ない

⑦ 手紙(てがみ)を出(だ)し忘(わす)れていたと父(ちち)は言(い)った。＿＿　＿＿　＿＿　＿＿だ。

1　いくら　　2　わけ　　3　届(とど)かない　　4　待(ま)っても

（答(こた)えはp.51）

**左ページ上の訳**

It's not that I want to eat, but when there is food around, I end up eating. No wonder putting on weight. There's no way I can slim down.
倒不是特别想吃，但是一有东西就会去吃。那当然会胖了。不可能会瘦。
먹고 싶은 것은 아닌데, 먹을 것이 있으면 먹어버리고 만다. 찔 만도 하다. 빠질 리가 없다.

47ページの答え：Ⅰ－①b　②a　③b　④a　⑤a　Ⅱ－⑥2→4→3→1　⑦1→3→4→2

# 第3週　おぼえないわけにはいかない

## 3日目　かじったとたん

The moment she bit
刚咬了一口，就 ...
베어 물자마자

### 開けたとたん

窓を開けたとたん、強い風が入ってきた。（＝開けると同時に）
The moment I opened the window, a strong wind came in.
刚打开窗户，就刮进来一阵大风。　창을 열자마자 , 강한 바람이 불어왔다 .

お酒を飲んだとたん、顔が赤くなった。（＝飲んだらすぐに）
As soon as I drunk the alcohol, my face turned red.
刚喝了一口酒，脸就红了。　술을 마시자마자 , 얼굴이 빨개졌다 .

Vた［とたん／とたんに］
Vた。そのとたん ～
ダメ　駅に着いたとたん［電話します。／電話してください。］

### 騒いだあげく

彼は酔っ払って騒いだあげく、寝てしまった。
（＝騒いで大変だったが最後には）
He got drunk and made a big racket, but in the end he fell fast asleep.
他喝醉酒耍过酒疯之后，结果睡着了。　그는 술에 취해서 떠들어 댄 끝에 , 잠들어 버렸다 .

何度も手術したあげく、治らないと言われた。
（＝手術して大変だったのに最後には）
I have surgery many times, but in the end I was told I couldn't be cured.
做了好几次手术之后，最后说治不好了。　몇 번이나 수술한 끝에 , 낫지 못한다고 들었다 .

Vた／N~~する~~の［あげく／あげくに／あげくの N］
Vた。そのあげく ～
れい　何回もVたあげく
繰り返しVたあげく
さんざんVたあげく
苦労のあげく

### 悩んだ末

悩んだ末、進学ではなく就職することにした。（＝悩んだ結果）
After really thinking it over about it, he decided to get a job instead of continuing with his schooling.
左思右想之后，决定参加工作，不升学了。　고민한 결과 , 진학이 아닌 취직을 하기로 했다 .

住民との話し合いの末、その建物の建設は中止となった。
（＝話し合いの結果）
After the discussion with the surrounding residents, the construction of the building was suspended.
和居民商量后，那幢楼的建设中止了。　주민과의 회의 결과 , 그 건물의 건설은 중지되었다 .

Vた／N~~する~~の［末／末に／末の N］

## 来たかと思ったら

あの人は忙しい人で、**来たかと思ったら**、もう帰ってしまった。
(＝来てすぐに)

He is a busy person, that when I thought he had arrived, he had already left.
那个人很忙，刚一来，就又走了。　저 사람은 바쁜 사람으로 , 온 듯싶더니 , 금방 돌아가 버렸다 .

Vたかと ┌ 思ったら
Vたと 　└ 思うと

花が咲い**たかと思ったら**、もう散ってしまった。(＝咲いてすぐに)
The flowers bloomed very briefly.
花好像刚一开就又谢了。　꽃이 핀 듯싶더니 , 금방 져 버렸다 .

第三週

**練習Ⅰ** 正しい文には○、正しくない文には × をつけなさい。

① この薬は食べたとたんに、飲んでください。(　　)

② その石けんを使ったとたん、手がかゆくなった。(　　)

③ 考えた末、手術しないことにしました。(　　)

④ 待たされたあげく、まずい料理を食べさせられた。(　　)

⑤ あちこちの病院へ行くあげく、やっと元気になった。(　　)

**練習Ⅱ** 下の語を並べ替えて正しい文を作りなさい。___に数字を書きなさい。

⑥ あの二人、さっきまで ＿＿ ＿＿ ＿＿ ＿＿ もう仲良くしている。

1　けんか　　2　かと　　3　思ったら　　4　していた

⑦ 彼は約束の時間に ＿＿ ＿＿ ＿＿ ＿＿ しなかった。

1　来た　　2　遅れて　　3　あげく　　4　あやまりも

(答えは p.53)

**左ページ上の訳**

"The moment she bit into the apple, she collapsed."
" 刚咬了一口苹果，就倒下了。"
「사과를 베어 물자마자 , 쓰러졌습니다 .」

| 49 ページの答え： Ⅰ－①a　②b　③a　④a　⑤b　　Ⅱ－⑥2→4→1→3　⑦1→4→3→2 |
|---|

## 第３週　おぼえないわけにはいかない

# 4日目　お急ぎのところ

I know you are in a hurry
虽然您在赶时间
바쁘신 중

## お忙しいところ

**お忙しいところ(を)すみません。**（＝今忙しいのに）
I am sorry for bothering you at this busy time.
在您百忙之中，不好意思打扰您。　바쁘신 중에 죄송합니다．

**会いたいと思っていたところです。**（＝今ちょうど思っていました）
I was just thinking that I wanted to see you.
我正想着去见你呢。　만나고 싶다고 생각하고 있던 중입니다．

| | |
|---|---|
| Aい<br>Nの<br>Vた<br>Vている<br>Vていた | ところ<br>ところに<br>ところへ<br>ところを<br>ところだ |

れい　食事中のところ
　　　お休みのところ

## 検査したところ

**病院で検査したところ、異常はなかった。**（＝検査してみたら）
When I was examined at the hospital, there were no signs of any problems.
到医院一检查，一切正常。　병원에서 검사한 결과，이상은 없었다．

**駅に問い合わせたところ、忘れ物は届いていた。**
（＝問い合わせてみたら）
When I asked at the station, the thing that I had forgotten had been turned in.
去车站一问，落下的东西已经被送交过来了。　역에 물어보았더니，유실물이 도착해 있었다．

Vた ところ

## 仕事どころではない

**工場で火事があり、仕事どころではなかった。**
（＝仕事をする状態ではなかった）
Because of the fire at the factory, I had to put my work aside.
工厂起火了，哪顾得上工作呀。　공장에 화재가 나서，일을 할 수 있는 상태가 아니었다．

**風邪がひどくて、遊びに行くどころじゃない。**
（＝遊びに行く状態じゃない）
My cold is so bad, that I can't think about going out.
感冒很严重，已经没有心思玩了。　감기가 심해서，놀러 갈 계제가 아니다．

| | |
|---|---|
| Nどころ<br>Vるどころ<br>Vているどころ | ではない<br>じゃない<br>ではなく～<br>じゃなく～ |

れい　それどころではない

# 夏休みどころか

「夏休みは取れそう？」
「忙しくて夏休みどころか日曜日も休めないよ。」
（＝夏休みはもちろん日曜日も）
「そう。うちの会社は忙しいどころか仕事がなくて困っているんだ。」（＝忙しいなんてとんでもない）

"Do you think you can take some days off for a summer break?"
"I'm so busy. I can't take Sundays off, let alone take a summer break."
"Really? In my case, it is the opposite. My company doesn't have enough work."
"能请到暑假吗""太忙了，别说暑假了，就是星期天都不能休息。""是吗，我们公司别说忙了，就连工作都没有，真是愁死人了。"
"여름휴가는 갈 수 있을 것 같아?" "바빠서 여름 휴가는커녕 일요일도 못 쉬어." "그래? 우리 회사는 바쁘기는커녕 일이 없어서 곤란하다."

**【aどころか(bも…ない)】**
N / Vる / naな / Aい ］どころか

第三週

**練習Ⅰ** 正しい文には○、正しくない文には × をつけなさい。

① これから電車に乗ったところです。（　　）

② お話し中のところ、失礼します。（　　）

③ 風が強すぎて、花見のどころではなかった。（　　）

④ 辞書で調べるところ、漢字が間違っていた。（　　）

⑤ もっと勉強しないと、N2どころかN3も無理だ。（　　）

**練習Ⅱ** 下の語を並べ替えて正しい文を作りなさい。____に数字を書きなさい。

⑥「もしもし、ちょうど電話 ____ ____ ____ ____ なんです。」

1　いた　　2　しよう　　3　ところ　　4　と思って

⑦ 宿題がたくさん ____ ____ ____ ____ ではない。

1　どころ　　2　見る　　3　あって　　4　テレビを

（答えは p.55）

**左ページ上の訳**

"I know you're in a hurry, but I have a questionnaire for you to fill in." "I don't have time for that!"
"在您百忙之中打扰您，不好意思，这份调查……""现在哪儿有那个时间啊！"
「바쁘신데 죄송합니다만 , 앙케트를……」「그럴 계제가 아니야 !」

51ページの答え： Ⅰ－①×食べたとたんに→食べたらすぐに　②○　③○　④○　⑤×行く→行った
Ⅱ－⑥1→4→2→3　⑦2→1→3→4

# 5日目　ほこりだらけ

Covered with dust
全都是灰
먼지투성이

学生のときに
使ったきりだから、
ほこりだらけだ。

## 間違いだらけ　(−)

この手紙の日本語は間違いだらけだ。(＝間違いがいっぱい)
The Japanese in this letter is filled with mistakes.
这封信的日语全都是错误。　이 편지의 일본어는 틀린 것 투성이다.

ちゃんとたたんでおかなかったから、服がしわだらけになってしまった。(＝しわがいっぱい)
Because I didn't properly fold it, my clothes became totally wrinkled.
因为没有好好叠，所以衣服都是褶。　제대로 개켜 놓지 않아서, 옷이 주름투성이가 되어 버렸다.

> Nだらけ
> れい　ごみだらけ／傷だらけ
> どろだらけ／しわだらけ
> 血だらけ
> ◆否定的な意味。
> A negative or rejecting meaning.
> 表否定。　부정적인 의미.

## 行ったきり

❶うちの子は遊びに行ったきり帰ってこない。
(＝行ったままずっと)
My child went out to play and hasn't come back home yet.
我家孩子出去玩了，就一直没回来。　우리 애는 놀러 간채 돌아오지 않는다.

息子は、自分の部屋に入ったきり出てこない。
(＝入ったままずっと)
My son shuts himself up in his room, and does not come out of it.
儿子进了自己的房间，再也没有出来。아들은 자기방에 들어 간 채 나오지 않는다.

彼とは去年の忘年会に会って、それ(っ)きり会っていない。
(＝会ったきり／それが最後で、それからずっと)
I met him last year at the year-end party, and haven't seen him at all since then.
和他在去年忘年会上见过后，就再也没见过了。 그와는 작년 망년회 때 만나고, 그 뿐 만나지 않았다.

> ❶ Vた［きりVない／っきりVない／きりだ／っきりだ］
> これっきり／それっきり
> あれっきり

❷母は入院している父をつき(っ)きりで看病している。
(＝ほかのことはしないで、そばについて)
My mother dropped everything and could look after my father in the hospital.
妈妈整天在住院的爸爸身边看护。
어머니는 입원해 있는 아버지를 딱 붙어서 간병하고 있다.

> ❷ V~~ます~~［きり／っきり］
> れい　～にかかり(っ)きり
> (＝それだけしている)

＊一人(っ)きり(＝一人だけ)　二人(っ)きり(＝二人だけ)　これ(っ)きり(＝これだけ／今回だけ)

# 立ちっぱなし　（一）

電車が混んでいて、東京まで**立ちっぱなし**だった。
（＝ずっと立っていた）

The train was crowded so I ended up standing all the way to Tokyo.
电车上人多，直到东京一直都站着。 전차가 붐벼서 동경까지 선채였다 .

テレビを**つけっぱなし**で寝てしまった。（＝つけたままで）

I fell asleep with the TV on.
开着电视就睡了。 텔레비전을 켠 채 자버렸다 .

V~~ます~~っぱなし

れい　しゃべり**っぱなし**
散らかし**っぱなし**
水を出し**っぱなし**
財布を置き**っぱなし**

◆否定的な意味。
A negative or rejecting meaning.
表否定。 부정적인 의미 .

第三週

**練習Ⅰ** 正しい文には○、正しくない文には × をつけなさい。

① 子どもたちは元気だらけで遊んでいる。（　　）

② 北海道へ行ったのは１度きりです。（　　）

③ 弟の部屋はゴミのだらけだ。（　　）

④ 海外旅行に行っても日本人だらけでがっかりした。（　　）

⑤ 学校を卒業してきり彼女とは会っていない。（　　）

**練習Ⅱ** 下の語を並べ替えて正しい文を作りなさい。＿＿に数字を書きなさい。

⑥ 今日が最後だ。もう、お酒は ＿＿ ＿＿ ＿＿ ＿＿ つもりだ。

1　で　　2　きり　　3　これ　　4　やめる

⑦ 窓を ＿＿ ＿＿ ＿＿ ＿＿ 風邪を引いた。

1　っぱなし　　2　寝たら　　3　にして　　4　開け

（答えは p.57）

**左ページ上の訳**

I only used it when I was a student so it's covered with dust.
学生时代用过后再就没有用，所以全都是灰。
학생 때 사용하고 만 것이라 , 먼지투성이다 .

53 ページの答え： Ⅰ－① × 乗った→乗る　② ○　③ × 花見の→花見　④ × 調べる→調べた　⑤ ○
Ⅱ－⑥2→4→1→3　⑦3→4→2→1

# ６日目　上がる一方だ

Going up and up
不断上涨
오르기만 한다

自分に厳しい**一方で**、他人には優しい彼の人気は上がる**一方だ**。

## 予想に反して

専門家の予想**に反して**、景気は回復し始めた。（＝予想とは反対に）
Contrary to the specialist's prediction, the business climate has begun to recover.
和专家的预测正好相反，经济开始恢复了。　전문가의 예상과 반대로, 경기는 회복하기 시작했다.

我々の期待**に反して**、新商品はあまり売れなかった。（＝期待とは反対に）
Contrary to our expectations, the new product did not sell very well.
和我们的预期相反，新产品卖得不好。　우리들의 기대와 반대로, 신상품은 그다지 팔리지 않았다.

Nに ┬ **反して**
　　 ├ **反し**
　　 └ **反する** N

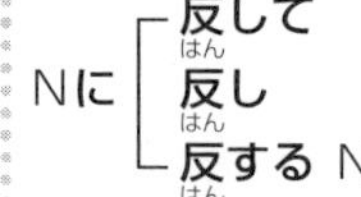

意志**に反して**
希望**に反して**

## 便利な反面

パソコンは便利な**反面**、トラブルも多い。（＝便利だが）
Personal computers are convenient, but on the other hand, they cause much trouble.
电脑在方便的同时，也常发生故障。　PC는 편리한 반면, 문제도 많다.

彼は優れた学者である**反面**、精神的に弱い人間だ。（＝優れた学者だが）
He is an excellent scholar, but on the other hand, he is a psychologically weak person.
他是优秀的学者，但同时也是精神很脆弱的人。　그는 뛰어난 학자인 반면, 정신적으로 약한 인간이다.

Nである / naな / naである / Aい / Vる ＋ **反面** / **半面**

## 水に強い一方

この布は水に強い**一方**、熱に弱い。（＝水に強いが）
On one hand, this cloth is strong against water, but it is also weak against heat.
这块布防水性很强，但耐热性差。　이 천은 물에 강한 한편, 열에 약하다.

このあたりは、静かな**一方**、不便である。（＝静かである一方／静かだが）
It is quiet but inconvenient around here.
这一带安静，但另一方面不方便。　이 부근은 조용한 한편, 불편하다.

Nである / naな / naである / Aい / Vる ＋ **一方（で）**

もっと！　予算がないと言われているが、**一方では**予算がむだに使われている。
（＝言われているのに）
They say that there is no money, but on the other hand, the budget is being used wastefully.
一方面说没有预算，另一方面却浪费预算。　예산이 없다고 말하지만, 한편으로는 예산이 헛되게 쓰이고 있다.

# 進む一方だ

大気中の$CO_2$濃度の上昇とともに（☞p. 40）、地球の温暖化は**進む一方だ**。（＝どんどん進む）
With the increase in the concentration of $CO_2$ in the atmosphere, global warming will continue to advance.
随着大气中二氧化碳浓度的上升，全球气温也不断升高。
대기중의 CO2 농도의 상승과 함께, 지구 온난화는 악화되기만 한다.

天候のせいで、野菜の値段は**上がる一方だ**。（＝どんどん上がる）
The price of vegetables goes up and up due to the bad weather.
受天气影响，蔬菜的价格不断上涨。　날씨 탓에 야채 가격은 오르기만 한다.

Vる**一方だ**
（＝「Vるばかりだ」☞p.37）
◆ 変化を表す動詞につく。
れい 増える**一方だ**
減る**一方だ**
変わる**一方だ**
悪くなる**一方だ**

第三週

**練習Ⅰ** 正しいほうに○をつけなさい。

① 子どもの成長はうれしい（a. 反して　b. 反面）、どこかさびしい。

② 資源を節約しようと言う（a. 一方で　b. 反して）、電力がむだに使われている。

③ 社員の期待に（a. 反して　b. 反面）、給料は下がった。

④ ノートパソコンは手軽である（a. 反面　b. 反して）、こわれやすい。

⑤ 仕事をしない若者は増える（a. 一方　b. 反面）だ。

**練習Ⅱ** 下の語を並べ替えて正しい文を作りなさい。＿＿に数字を書きなさい。

⑥ ＿＿＿ ＿＿＿ ＿＿＿ ＿＿＿ 商品は売れなかった。

1　店側の　　2　新しい　　3　予想　　4　に反して

⑦ あの日本人は ＿＿＿ ＿＿＿ ＿＿＿ ＿＿＿ 日本語が少しおかしいようだ。

1　得意だ　　2　反面　　3　と言われている　　4　英語が

（答えは p.60）

**左ページ上の訳**

Hard on himself but kind to others, his popularity is really growing.
严于律己、宽于待人的他，人气不断上升。
자신에게 엄격한 한편, 타인에게는 친절한 그의 인기는 오르기만 한다.

55 ページの答え：Ⅰ－ ① × 元気だらけで→元気いっぱい　②○　③ × ゴミのだらけ→ゴミだらけ　④○
⑤ × 卒業してきり→卒業してから／卒業するとき会ったきり
Ⅱ－ ⑥3→2→1→4　⑦4→1→3→2

# 7日目　実戦問題(じっせんもんだい)

Practice Exercise
实战问题
실전문제

制限時間(せいげんじかん)：15分(ふん)
1問(もん)4点(てん)

点数(てんすう)　／100

(答(こた)えは別冊(べっさつ)p.3)

**問題１** 次の文の（　　）に入れるのに最もよいものを、１・２・３・４から一つ選びなさい。

**1** その人が授業に来たのは一度（　　　）です。

1　どころ　　2　きり　　3　だらけ　　4　とおり

**2** （　　　）のあまり叫(さけ)んでしまった。

1　うれし　　2　うれしい　　3　うれしくて　　4　うれしさ

**3** （　　　）ことに、飼っていたウサギは死んでしまった。

1　悲しみ　　2　かわいそう　　3　残念な　　4　さびしさ

**4** 何度も引っ越しをしているので、家具が傷(きず)（　　　）になっている。

1　きり　　2　どころ　　3　あまり　　4　だらけ

**5** 医者に（　　　）とおりにしているのに、病気はなかなか治らない。

1　言う　　2　指示した　　3　言われた　　4　指示

**6** 彼は１時間も私たちを待たせた（　　　）、今日の打ち合わせは中止したいと言った。

1　きり　　2　一方で　　3　反面　　4　あげく

**7** 閉店は考えた（　　　）結論です。

1　どおりの　　2　末の　　3　反し　　4　あまりの

**8** 恐怖（　　　）、彼女は動くこともできなかった。

1　なことに　　2　に反して　　3　のあまり　　4　の末

**9** 申し訳ない（　　　）、お借りしていた本を汚してしまいました。

1　ことに　　2　ところ　　3　どころか　　4　末に

**10** 体がふらふらしたので熱を計ってみた（　　　）、39度もあった。

1　ところ　　2　とたん　　3　あげく　　4　どころ

11 本をだれかに貸した（　　　）返してもらっていない。

1　きり　　2　とたん　　3　ことに　　4　一方

12 住民の意思（　　　）、マンションが建設された。

1　に反して　　2　反面　　3　の一方　　4　どころか

13 ここ数年の都市開発で、この辺の森や林はなくなる（　　　）。

1　わけがない　　2　わけにはいかない
3　あげくだ　　4　一方だ

14 こんな高価な品物をいただくわけには（　　　）。

1　いけません　　2　いきません　　3　ありません　　4　できません

15 都合（つごう）でしばらく休ませていただきますが、仕事をやめる（　　　）。

1　一方です　　2　わけです
3　どころではありません　　4　わけではありません

**問題2　次の文の ＿★＿ に入る最もよいものを、1・2・3・4から一つ選びなさい。**

16 うちの子は学校から ＿＿＿ ＿＿＿ ＿★＿ ＿＿＿ もう遊びに行ってしまった。

1　と　　2　帰って　　3　思ったら　　4　来たか

17 そちらは朝の9時ですか。こちらは夕方の4時ですから、 ＿＿＿ ＿＿＿ ＿★＿ ＿＿＿ ですね。

1　7時間　　2　時差は　　3　わけ　　4　になる

18 夏なのに暑い ＿＿＿ ＿＿＿ ＿★＿ ＿＿＿ います。

1　着て　　2　寒くて　　3　セーターを　　4　どころか

19 今朝は地震で ＿＿＿ ＿＿＿ ＿★＿ ＿＿＿ ではなかった。

1　食器が割れたり　　2　食事　　3　どころ　　4　して

20 ＿＿＿ ＿＿＿ ＿★＿ ＿＿＿ のに、探している家は見つからなかった。

1　とおりに　　2　もらった　　3　教えて　　4　行った

第三週

**問題3** 次の文章を読んで、21 から 25 の中に入る最もよいものを、1・2・3・4から一つ選びなさい。

最近よく頭痛がする。大したことはないのだが、妻が心配してうるさいので、勧められるままに近所の病院に行ってみた。[ 21 ]、特に異常はないとのことだった。しかし確かに痛い。異常がないと言われた[ 22 ]、逆に心配になってきた。痛みが次第に強くなり、回数も増えてきたような気がする。こんなに痛いのにどこも悪くない[ 23 ]。もしかすると、原因不明の重い病気なのではないだろうか。

悩んだ[ 24 ]、大きな病院の神経内科を受診してみた。その結果、原因は目の疲れだということだった。考えてみると、朝から晩まで仕事でパソコンに[ 25 ]。なんだ、そんなことか。そう思っただけで、薬も飲まないのに痛みが引いていくようだった。

**21**
1 検査する一方で　2 検査したところ
3 検査したあげく　4 検査どころか

**22**
1 とたん　2 きり　3 あげく　4 反面

**23**
1 わけではない　2 わけがない
3 わけにはいかない　4 わけだ

**24**
1 あまり　2 わけで　3 末　4 とおり

**25**
1 向かうどころではない　2 向かう一方だ
3 向かうわけではない　4 向かいっぱなしだ

## 敬語　お願いする

❶ (あなたの)協力がほしい → **ご協力願いたいのですが／願えませんか**

❷ (あなたに)見てほしい → **ご覧いただけませんか**

(あなたに)来てほしい → **おいでいただけませんか**

❸ (わたしが)～したい → **させていただけませんか**

→ **させていただきます** ＊相手の返事を待たなくてよい。

**【問い】** 正しいものを（　）から一つ選びなさい。(答えは p.63)

① 熱があるので（a. 帰って　b. 帰らせて　c. 帰らさせて）いただけませんか。
(＝私が帰ることをあなたに許してほしい)

② こちらでしばらく（a. お待ちして　b. ご待ち　c. お待ち）願えませんか。

③ この資料を（a. お見になって　b. ご覧　c. ご覧して）いただけませんか。

57ページの答え： Ⅰ－①b ②a ③a ④a ⑤a　Ⅱ－⑥1→3→4→2 ⑦4→1→3→2

# おぼえざるをえない

You have no choice but to remember

只有记住

외우지 않을 수 없다



## 今週の表現

**一日目**
- □できる**上に**
- □考えた**上で**
- □選ばれた**上は**
- □天気図**の上では**

**二日目**
- □初心者**向け**
- □天気**次第で**
- □戻り**次第**
- □伺った**次第です**

**三日目**
- □客の意見**にこたえて**
- □目上の**人に対して**
- □法律**により**
- □事件**にかかわって**

**四日目**
- □知り**ながら**
- □忙しいと言い**つつ**
- □進歩し**つつある**
- □知らない**くせして**

**五日目**
- □**すべきではない**
- □続け**ざるをえない**
- □行われる**ことになっている**
- □言い間違い**にすぎない**

**六日目**
- □利用**にあたり**
- □資料**に沿って**
- □開店**に先立ち**
- □広い範囲**にわたって**

# 第４週　おぼえざるをえない

## １日目　地図の上では

On a map
从地图上看
지도상으로는

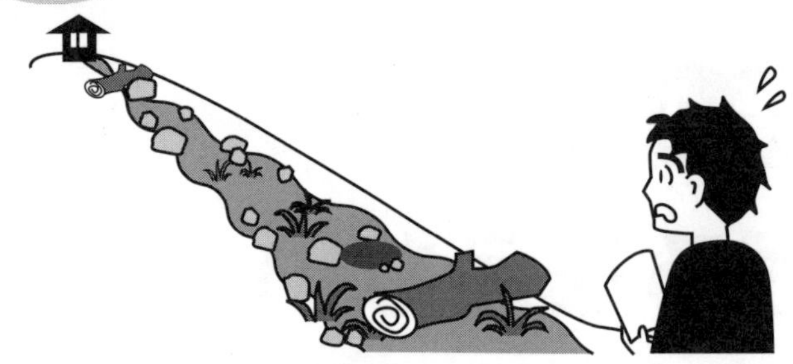

地図の上では近いのに、
行ってみると
遠い上に、ひどい道だった。
よく調べた上で
行けばよかった。

### できる上に

彼は仕事ができる上に優しい。（＝できるし、それに）
Not only is he good at his job but he's also a nice guy.
他不但能干，而且人也很好。　그는 일도 잘하는 데다가 친절하다.

昨日は寒かった上に、風が強かった。
（＝寒かったし、それに）
Yesterday it was cold and windy.
昨天不但冷，而且风还很大。　어제는 추운 데다 바람도 강했다.

V/A/na/N普
❗ naだ→な／である
　Nだ→の／である　　上(に)

### 考えた上で

よく考えた上で決めます。（＝考えてから）
I will think well and then decide.
好好考虑了之后再决定。　잘 생각한 다음에 결정하겠습니다.

家族と相談の上、お返事します。（＝相談してから）
I will reply after consulting my family.
我和家里人商量之后再答复您。　가족과 상담한 후에, 답하겠습니다.

Vた／Nの　上で／上の／上での／上

れい　検討した上で／見た上で
　　　検討の上／ご覧の上

### 選ばれた上は　硬

キャプテンに選ばれた上は、がんばるしかない。
（＝選ばれたのだから）
Since I was chosen as the captain, I will have to try my hardest.
既然被选为队长就只有好好干了。　캡틴으로 뽑힌 이상 열심히 할 수 밖에 없다.

入学する上は卒業したい。（＝入学するのだから）
Upon entering school, I would like to graduate.
既然入学了，就要毕业。　입학한 이상 졸업하고 싶다.

V普 上は
（＝「以上」「からには」☞p.94）

◆ 決意を表す言葉やアドバイス、禁止などが続く。
To be followed by the words that give advice, express determination, and describe things which are prohibited.
跟着表示决心的话语、建议或禁止等。
결의를 나타내는 말이나 어드바이스, 금지등이 이어진다.

## 天気図の上では

天気図の上では春なのに、実際はまだ寒い。
(＝天気図で見ると)

The patterns on the weather map indicate that spring is here, but actually it is still cold.
从气象图上看，已经是春天了，但还是很冷。
일기예보 상으로는 봄인데, 실제로는 아직 춥다.

理論上はできるはずだったが、実験では失敗した。
(＝理論では)

Theoretically it should have been possible, but the experiment failed.
理论上是可行的，但实验却失败了。
이론상으로는 가능했었는데, 실험에서는 실패했다.

Nの ┌ 上では
　　 └ 上でも

N ┌ 上
　 │ 上は
　 └ 上も

れい 計算の上では／計算上は
書類の上では／書類上は
データの上では／データ上は
統計の上では／統計上は

第四週

**練習 I** 正しいほうに○をつけなさい。

① 計算（a. 上は　b. の上）可能だが、実用にはまだ問題がある。

② 仕事でミスをした（a. 上で　b. 上に）、友達とけんかをした。

③ 金額を確認（a. 上　b. の上）、サインをお願いします。

④ 受験手続きが完了した（a. 上は　b. 上では）全力をつくすつもりだ。

⑤ 彼らは書類の（a. 上に　b. 上では）夫婦だ。

**練習 II** 下の語を並べ替えて正しい文を作りなさい。＿＿に数字を書きなさい。

⑥ この機械は ＿＿ ＿＿ ＿＿ ＿＿ もわかりづらい。

1　上に　　2　難しい　　3　説明書　　4　操作が

⑦ 彼は ＿＿ ＿＿ ＿＿ ＿＿ 面接が心配だ。

1　では　　2　上　　3　成績の　　4　問題ないが

(答えは p.65)

**左ページ上の訳**

On a map, it looked close, but when I actually went there, it was far and the roads were bad. I should have checked before I went.
从地图上看很近，但实际一走，不但远而且路还不好。好好调查一下再去就好了。
지도상으로는 가까운데, 가 보면, 먼 데다가 힘든 길이었다. 잘 조사한 다음에 가면 좋았다.

| 60 ページの答え：　① b　② c　③ b |
|---|

# 第4週　おぼえざるをえない

## 2日目　子ども向け

For children
面向儿童
어린이용

### 初心者向け

それは、初心者向けの教科書です。（＝初心者のための）
This is a textbook for beginners.
这是面向初学者的教材。　그것은 초심자 대상의 교과서입니다.

この製品の生産は、国内向けも、海外輸出向けも、ともに増加した。（＝国内用も輸出用も）
The manufacturing of this product has increased for both domestic and export markets.
本产品的产量，面向国内和面向出口的都有所增加。
이 제품의 생산은, 국내용, 해외 수출용 다같이 증가했다.

この店の料理は、量が少なく見た目がきれいなので、女性向きだ。（＝女性に合っている）
The food at this restaurant comes in small portions and looks nice, so it is suited for women.
这家店的菜，量少而且美观，所以很适合女性。　이 가게의 요리는 양이 적고 겉보기에 예뻐서 여성에게 알맞다.

N向け／N向き ─ だ／に／の N

◆ N向け＝Nを対象とした
when using N〈noun〉
以N（名词）为对象
N（명사）를 대상으로 한

◆ N向き＝Nに向いている
suitable for N〈noun〉
适合N　N에 적합하다

### 天気次第で

花火大会は天気次第で中止になる場合もあります。（＝天気によって）
The fireworks display may be cancelled due to the weather.
烟花大会可能会视天气情况而取消。　불꽃놀이 대회는 날씨 여하에 따라 중지될 수도 있습니다.

仕事は紹介するが、うまくいくかどうかは本人次第だ。
（＝本人のやる気や態度、力などによって決まる）
I will introduce you to some work, but whether it goes well or not depends on you.
工作是可以介绍的，但能否一切顺利全看本人的了。　일은 소개하지만, 잘 될지 어떨지는 본인 나름입니다.

N次第 ─ だ／で／では

### 戻り次第

では、田中が戻り次第、お電話させます。（＝戻ったらすぐに）
Well, when Tanaka returns, I will get him to call you.
那么，田中一回来就让他给你打电话。　그럼, 다나카가 돌아오는 대로, 전화 드리겠습니다.

決まり次第、ご連絡いたします。（＝決まったらすぐに）
As soon as it is decided, I will contact you.　一决定下来，就和您联系。　결정되는 대로, 연락하겠습니다.

V~~ます~~ 次第

◆ 過去のことには使えない。

## 伺った次第です

このたび担当が替わりましたので、あいさつに**伺った次第です**。
(=来たわけです)
I am here to greet you because I'm the new person in charge.
现在我们换了负责人，所以来登门拜访一下。 이번에 담당이 바뀌어서 , 인사 드리는 바입니다 .

Vる / Vた / Vている ＋ 次第です

日時の変更について、改めて**お知らせする次第です**。(=知らせるわけです)
I will inform you later of any changes in the time and the place of the meeting.
如果时间有变动，我们会另行通知的。 일시의 변경에 대해서 , 다시 알려드리는 바입니다 .

**練習Ⅰ** 正しいほうに○をつけなさい。

① 先日の会議の内容は、のちほど書面にて（a. ご報告の　b. ご報告する）次第です。

② 難しい問題も、（a. 考え方　b. 考え方の）次第で簡単になる。

③ （a. わかり　b. わかる）次第、お知らせします。

④ これは留学生（a. 向けに　b. の向け）書かれた本です。

⑤ 天気が（a. 回復し　b. 回復する）次第、試合を再開する。

**練習Ⅱ** 下の語を並べ替えて正しい文を作りなさい。＿＿に数字を書きなさい。

⑥ このような ＿＿ ＿＿ ＿＿ ＿＿ 次第です。

1　事情から　　2　する　　3　利用規則を　　4　改正

⑦ このアパートは女性対象というわけではないが、＿＿ ＿＿ ＿＿ ＿＿ だ。

1　といえば　　2　どちらか　　3　向き　　4　女性

（答えは p.67）

**左ページ上の訳**

"Is the English kid's program suited for my language learning?"
" 面向儿童的英文节目适合我学习英文吗？ "
「어린이용 영어 프로그램은 내 영어학습용 ?」

63ページの答え：Ⅰ－①a ②b ③b ④a ⑤b　Ⅱ－⑥4→2→1→3 ⑦3→2→1→4

# ３日目　期待にこたえて

Rising to expectations
不负重望
기대에 부응하여

人々の彼女に対する期待は大きかった。
彼女はその期待にこたえて金メダルを取った。

## 客の意見にこたえて　《に応えて》

客の意見にこたえて、営業時間を延長する。
(＝客の意見を聞いて)
In response to our customers' requests, we have extended our business hours.
应顾客要求，我们延长了营业时间。　손님의 의견에 부응하여 , 영업시간을 연장하다 .

親の期待にこたえ、がんばった。(＝期待のとおりに)
So that I wouldn't disappoint my parents, I did my best.
带着父母的期望，竭尽全力拼搏了。　부모님의 기대에 부응하여 , 열심히 했다 .

Nに
- こたえて
- こたえ
- こたえる N

れい　希望にこたえて
要求にこたえて
リクエストにこたえて

## 目上の人に対して

目上の人に対して、そういう言い方は失礼ですよ。
(＝年上の人に向かって)
It is rude to speak to your superiors that way.
对长辈那样说话是很不礼貌的。　윗사람에 대해 , 그러한 말투는 실례이지요 .

都市で人口が増えているのに対し、農村では減っている。
(＝増えているのと反対に)
In contrast to the rising population in the cities, the population in the countryside is falling.
相对于城市人口不断增加，农村却在减少。　도시에서 인구가 증가하고 있는 것에 대해 , 농촌에서는 줄고 있다 .

Nに
[文]のに
これに
それに
- 対して
- 対し
- 対しては
- 対しても
- 対する N

## 法律により　硬

未成年者の飲酒は、法律により禁じられている。
(＝法律で)
The consumption of alcohol by minors is prohibited by the law.
未成年人的饮酒行为受法律禁止。　미성년자의 음주는 법률에 의해 금지되어 있다 .

その地震による被害は、過去最大だった。(＝地震が原因の)
The damage and number of casualties due to the earthquake were the largest in history.
那次地震所造成的损失是有史以来最严重的。　그 지진에 의한 피해는 과거 최대였다 .

Nに
- より
- よる N

◆「～によって」の硬い表現。
◆手段・根拠・原因・場合を表す。
Expresses a method, basis, cause, case.
表示手段・根据・原因・场合。
수단・근거・원인・경우를 나타내다 .

## 事件にかかわって 《に関わって》

彼は汚職事件にかかわって逮捕された。
(=汚職事件に関係して)
He was arrested for being involved in a corruption case.
他牵扯到贪污事件，被逮捕了。그는 오직사건에 관련되어 체포되었다.

息子はマスコミにかかわる仕事をしている。
(=マスコミに関係がある)
My son works in the mass media.
儿子从事和媒体相关的工作。아들은 메스컴에 관련된 일을 하고 있다.

命にかかわる病気(=命に影響する)
life-threatening illness 关系到性命的疾病 생명과 관련된 병

Nに
- かかわって
- かかわり
- かかわる。
- かかわる N

れい 試験の結果にかかわる

◆「命」「誇り」など重要なものに影響するという意味でも使う。
Used to describe effects on important things such as “life”, “pride”, etc.
有时含义为：对“生命”“自尊”等重要东西有影响。
「목숨」「자부심」등 중요한 것에 영향을 준다는 의미로도 사용한다.

第四週

**練習Ⅰ** 正しいほうに○をつけなさい。

① 今朝の人身事故（a. による　b. により）ダイヤが乱れております。

② 国民の政治（a. に対する　b. に応える）不満は年々高まっている。

③ 人々の期待（a. にこたえて　b. にかかわって）、その選手は金メダルをとった。

④ 子どもが減っているのに（a. 対して　b. こたえて）、老人が増えている。

⑤ 患者さんのプライバシー（a. に応える　b. に関わる）質問にはお答えできません。

**練習Ⅱ** 下の語を並べ替えて正しい文を作りなさい。____に数字を書きなさい。

⑥ 彼が何らかの形でその事件と ____ ____ ____ ____ 疑いが持たれている。

1　という　　2　関わって　　3　ないか　　4　いるのでは

⑦ このコースの成績は出席、宿題、各課の試験と ____ ____ ____ ____ されます。

1　総合的に　　2　最終試験　　3　によって　　4　評価

(答えはp.69)

**左ページ上の訳**

Everyone had high expectations of her. She rose to them and won the gold medal.
人们对她给予的期望很大。她不负重望，获得了金牌。
사람들의 그녀에 대한 기대는 컸다. 그녀는 그 기대에 부응하여 금메달을 땄다.

65ページの答え： Ⅰ−①b ②a ③a ④a ⑤a　Ⅱ−⑥1→3→4→2 ⑦2→1→4→3

# ４日目　知りつつ

Whilst knowing
虽然知道
계속 알고 지내다

自然が失われ**つつある**ことを知り**ながら**、都市開発を進める。

## 知り**ながら**

悪いことと知り**ながら**、盗みを繰り返した。（＝知っているのに）
While I knew it was bad, I continued to steal.
虽然知道不好，却反复行窃。　나쁘다고 알면서 , 도둑질을 반복하고 있다 .

「狭い**ながらも**楽しいわが家」という言葉がある。（＝狭いけれど）
There is a saying, "a small but happy home."
有句话说得好："金屋银屋不如自己的茅草屋"。　「좁지만 즐거운 우리 집」이라는 말이 있다 .

N / na / Aい / V~~ます~~ ＋ **ながら** / **ながらも**

れい　残念**ながら**…
今さら**ながら**…

## 忙しいと言い**つつ**　硬

❶彼女は忙しいと言い**つつ**、長電話をしている。（＝忙しいと言うが）
Though she said that she was busy, she continued to speak on the phone.
她一边说自己忙，一边长时间地打电话。　그녀는 바쁘다고 말하면서도 , 긴 전화통화를 하고 있다 .

今日こそがんばろうと思い**つつ**、また勉強しなかった。（＝思ったのに）
I was going to work hard *today*, but did not study again.
虽然想着从今天起一定要好好学习了，但还是没能做到。　오늘이야말로 열심히 하겠다고 생각하면서도 , 또 공부하지 않았다 .

❶ V~~ます~~つつ（も）V
◆「ながら（も）」の硬い表現
れい　～と知り**つつ**

❷先生と相談し**つつ**、進路を決めたいと思う。（＝相談しながら）
I'd like to decide what to do after graduation in consultation with my teacher.
我想边和老师商量边决定以后的道路。선생님과 상담하면서 진로를 결정하고 싶다 .

❷ V~~ます~~つつ V
◆「～ながら（＝同時に）」の意味。

## 進歩し**つつある**

医療はますます進歩し**つつある**。（＝進歩している）
Medical care is progressing day by day.
医疗技术不断进步。　의료는 점점 진보해가고 있다 .

新種のウイルスによる被害は、全国に広がり**つつある**。（＝だんだん広がっている）
Damage caused by the new virus has been spreading across the nation.
新型病毒造成的危害正在全国蔓延。　신종 바이러스에 의한 피해는 전국으로 퍼져가고 있다 .

V~~ます~~つつある

## 知らないくせして  （一）

**知らないくせして**、知っているようなことを言うな。
（＝知らないくせに／知らないのに）
Don't talk as if you knew.
自己不知道，就别装得跟知道似的。 모르면서 아는것처럼 말하지 마 .

**大学生のくせして**、そんなことも知らないの？
（＝大学生のくせに／大学生なのに）
You're in university and you don't even know that?
一个大学生，却连那种事都不懂？ 대학생인데 그런것도 모르니？

V/A/na/N普
❗ Nだの
naだな
くせして

◆「くせに」の会話的表現。
◆非難の気持ち。
A feeling of blame or criticism.
责怪的心情。비난의 기분 .

第四週

**練習Ⅰ** 正しい文には○、正しくない文には × をつけなさい。

① 宿題をしようと思いながら、まだしていない。（　　）

② 天気は回復に向かいつつある。（　　）

③ 買い物に行ったながら、高くて買えなかった。（　　）

④ 日本人くせして、日本語を間違えちゃだめだよ。（　　）

⑤ 相手チームのプレーは、敵ながらすばらしい。（　　）

**練習Ⅱ** 下の語を並べ替えて正しい文を作りなさい。＿＿に数字を書きなさい。

⑥ 政治の情勢を ＿＿ ＿＿ ＿＿ ＿＿ 計画しよう。

1　つつ　　2　事業の　　3　見守り　　4　拡大を

⑦ 今度引っ越す家には ＿＿ ＿＿ ＿＿ ＿＿ ものがあります。

1　呼べる　　2　小さい　　3　庭と　　4　ながらも

（答えは p.71）

**左ページ上の訳**

While we know we are damaging nature, we are continuing to develop around cities.
虽然知道大自然在不断地消失，但还是推进城市开发。
자연을 점점 잃어가고 있다는 것을 알면서 , 도시 개발을 진행시킨다 .

| 67 ページの答え： Ⅰ－①b ②a ③a ④a ⑤b Ⅱ－⑥2→4→3→1 ⑦2→3→1→4 |
|---|

## 第４週　おぼえざるをえない

# 5日目　せざるをえない

Have no choice but to do
不得不
하지 않을 수 없다

国家試験(こっかしけん)に合格(ごうかく)しなければ看護師(かんごし)になれない**ことになっている**ので、勉強(べんきょう)せ**ざるをえない**。

## すべきではない

そんなことを**すべきではない**。(＝してはいけない)
You should not do that.
不该做那种事。 그런 것을 해서는 안된다.

もっと勉強(べんきょう)する**べきだった**。(＝しなければいけなかった)
I should have studied more.
应该更加努力地学习。 좀 더 공부해야 했다.

あんなこと言(い)うべき**ではなかった**。(＝言(い)わなければよかった)
I should not have said such a thing.　不该说那种话。 저런 것 말해서는 안됐다.

| | |
|---|---|
| Vるべき<br>❗すべき<br>＝するべき<br>naであるべき<br>Aくあるべき | だ<br>では ない<br>だった<br>N |

## 続(つづ)け**ざるをえない**　《ざるを得(え)ない》

いやな仕事(しごと)でも、生活(せいかつ)のためには続(つづ)け**ざるをえない**。
(＝続(つづ)けるしかない)
In order to earn a living, I have to continue my unpleasant job.
就是不喜欢的工作，为了生活，也不得不干下去。　싫은 일이라도 생활 때문에 계속 하지 않을 수 없다.

この戦争(せんそう)は間違(まちが)いだったと言(い)わ**ざるをえない**。(＝言(い)うしかない)
We must say that this war was a mistake.
不得不说，这场战争是个错误。　이 전쟁은 잘못되었다고 말하지 않을 수 없다.

V~~ない~~ざる を えない
❗しない→せざる を えない

## 行(おこな)われる**ことになっている**

明日(あした)、ここで卒業式(そつぎょうしき)が行(おこな)われる**ことになっている**。
(＝行(おこな)われることが予定(よてい)されている)
The graduation ceremony will be held here tomorrow.
明天将在这里举行毕业典礼。　내일 , 여기에서 졸업식이 행해지기로 되어 있다.

60点以上(てんいじょう)が合格(ごうかく)という**ことになっている**。(＝合格(ごうかく)と決(き)められている)
A passing grade is 60 points or more.
规定60分以上为合格。　60 점 이상이 합격으로 되어 있다.

| | |
|---|---|
| Vる/Vない<br>Nという | ことに なっている |

## 言い間違いにすぎない 《～に過ぎない》 硬

単なる**言い間違いにすぎない**。(=言い間違いをしただけだ)
It was only a simple slip of the tongue.
只不过是说错了。 단순한 말실수에 지나지 않는다.

簡単な**日常英会話ができるにすぎない**。
(=日常英会話ができるだけだ)
I can only have simple everyday conversations in English.
不过就是会简单的日常英语会话罢了。
간단한 일상 영어 회화가 가능한 것에 지나지 않는다.

V/A/na/N 普 に
❗ naだである に
N だ に
→ すぎない

れい 単に…**にすぎない**
あくまで(も)…**にすぎない**
ただのN**にすぎない**
ほんのN**にすぎない**

第四週

**練習I** 正しいほうに○をつけなさい。

① 約束は（a. 守らざるをえない　b. 守らないべきだ）。

② その計画は不可能だと言わざるを（a. える　b. えない）。

③ 彼の言うことは理想に（a. ありえない　b. すぎない）。

④ 試験用紙は持ち帰ってはいけない（a. ことになっている　b. べきだ）。

⑤ 子どもの安全を考えれば、夜遅くまで外で遊ばせる（a. べきではない

b. ことになっている）。

**練習II** 下の語を並べ替えて正しい文を作りなさい。____に数字を書きなさい。

⑥ 明日の会議は、第一会議室 ____ ____ ____ ____ なっています。

1 こと　　2 で　　3 行われる　　4 に

⑦ 法律は ____ ____ ____ ____ と思います。

1 ある　　2 正しく　　3 だ　　4 べき

(答えは p.73)

**左ページ上の訳**

I have no choice but to study because I have to pass the national exam to become a nurse.
如果不能通过国家考试，就不能成为护士，所以只有努力了。
국가시험에 합격하지 않으면 간호사가 될 수 없기 때문에, 공부하지 않을 수 없다.

69ページの答え： I－①○　②○　③×行ったながら→行きながら／行ったけれど（も）／行ったが など
④×日本人くせして→日本人のくせして　⑤○
II－⑥3→1→2→4　⑦2→4→3→1

## 第４週　おぼえざるをえない

# 6日目　使用にあたって

Upon use
使用时
사용에 앞서

長年にわたって研究開発に努めてきました。

ご使用にあたっては使用上の注意をよくお読みください。

## 利用にあたり　硬

図書館の**利用にあたり**、図書カードが必要です。（＝利用するときに）
A library card is required to use the library.
进图书馆时，需要图书馆卡。　도서관 이용에 있어서, 도서 카드가 필요합니다.

アルバイトをする**にあたっては**、学業や体に無理のないようにすること。（＝アルバイトをするときには）
If you are going to work part-time, make sure that it does not interfere with your studies or your health.
勤工俭学时，要以不影响学业和身体为原则。　아르바이트를 할 때에는, 학업이나 몸 (건강) 에 무리가 없도록 할 것.

N~~する~~に／Vるに
- あたって
- あたり
- あたっては
- あたってのN

## 資料に沿って

**資料に沿って**、ご説明いたします。（＝資料の順番や内容に合わせて）
I will explain the content of the handout as I go along.
我按照资料进行说明。　자료에 따라 설명 드리겠습니다.

お客様ひとりひとりの**ご希望に沿った**旅行プランをお作りします。
（＝ご希望に合った）
We make travel plans according to each costomer's wishes.
我们将按每位顾客的要求制定行程。　고객 한 사람 한 사람의 희망에 따라 여행 계획을 만들겠습니다.

Nに
- 沿って
- 沿い
- 沿った N

## 開店に先立ち　硬

**開店に先立ち**、関係者だけのパーティーが行われた。
（＝開店する前に）
Prior to opening, a party was held with those involved.
开业在即，举行了仅限相关人员参加的晚会。　개점에 앞서 관계자들만의 파티가 행해졌다.

新製品の**開発に先立って**、アンケート調査を行った。（＝開発する前に）
We conducted a survey prior to the development of a new product.
新产品开发之前，进行了问卷调查。　신제품의 개발에 앞서 앙케이트 조사를 했다.

N~~する~~に／Vるに
- 先立って
- 先立ち
- 先立つ N

## 広い範囲にわたって

この台風の影響で、関東地方は広い範囲**にわたって**大雨となるでしょう。(=広い範囲全部が)
Because of this typhoon, it is expected to rain heavily in large parts of the Kanto Region.
受本次台风影响，关东大部分地区将有大雨。
이 태풍의 영향으로 관동지방은 넓은 범위에 걸쳐 큰 비가 내리겠습니다.

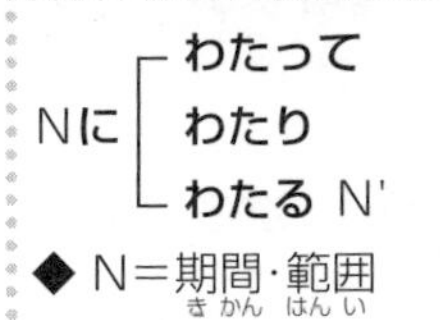


わが社は20年間**にわたり**、この薬の研究開発に努めてきた。(=20年の間ずっと)
Over the last 20 years, our company has endeavored to research and develop this drug.
我公司20年来一直致力于这种药物的研制。　우리 회사는 20 년간에 걸쳐 이 약의 연구 개발에 힘써 왔다.

**練習Ⅰ** 正しいほうに○をつけなさい。

① 祭りは3日間に（a. あたって　b. わたって）続いた。

② 会社の方針に（a. そって　b. さきだって）、計画を立てます。

③ 映画の公開に（a. さきだち　b. わたり）、試写会※が行われた。※ 試写会 preview 电影试映会 시사회

④ 書類を書くに（a. あたり　b. そって）、次の点に注意してください。

⑤ その国との400年に（a. あたる　b. わたる）交流について調べる。

**練習Ⅱ** 下の語を並べ替えて正しい文を作りなさい。＿＿に数字を書きなさい。

⑥ 論文を ＿＿ ＿＿ ＿＿ ＿＿ ルールがある。

1　べき　　2　にあたって　　3　書く　　4　守る

⑦ 客の ＿＿ ＿＿ ＿＿ ＿＿ 望まれる。

1　希望　　2　商品の　　3　開発が　　4　にそった

(答えは p.76)

**左ページ上の訳**

"We have endeavored to research and develop the product for many yeas. Please read the instructions carefully upon use."
"长年致力于研究开发工作。使用时，请仔细阅读使用注意说明。"
「오랜 기간에 걸쳐 연구 개발에 힘써 왔습니다 . 사용하실 때는 사용상의 주의를 잘 읽어 주세요 .」

| 71ページの答え：Ⅰ−①a　②b　③b　④a　⑤a　　Ⅱ−⑥2→3→1→4　⑦2→1→4→3 |
|---|

# 第４週　おぼえざるをえない

## 7日目　実戦問題（じっせんもんだい） Practice Exercise 实战问题 실전문제

制限時間（せいげんじかん）：15分（ふん）
1問（もん）4点（てん）

点数（てんすう）　／100

（答（こた）えは別冊（べっさつ）p.3～4）

**問題１** 次の文の（　　）に入れるのに最もよいものを、１・２・３・４から一つ選びなさい。

**1** 受験に（　　　）、次の点に注意してください。

1　次第で　　2　そって　　3　わたり　　4　あたり

**2** B国から日本（　　　）に輸出される農産物の80％が果物である。

1　向き　　2　向け　　3　向かい　　4　向こう

**3** 新しい情報が（　　　）次第、お知らせします。

1　入り　　2　入る　　3　入って　　4　入った

**4** この料理は、作り方が簡単な（　　　）材料費も安い。

1　上に　　2　上で　　3　上は　　4　上では

**5** 彼女は彼の突然の結婚の申し込みに驚（おどろ）き（　　　）、うれしそうだった。

1　ものの　　2　べきも　　3　ながらも　　4　にわたり

**6** 会議（　　　）、参加者へのアンケート調査が行われた。

1　に先立ち　　2　にわたり　　3　に沿い　　4　に反し

**7** 数字（　　　）では景気は回復しているのだが、私たちにはその実感はない。

1　ぬき　　2　の上　　3　のわり　　4　向け

**8** 状況が同じでも、考え方（　　　）幸せにも不幸にもなる。

1　向きで　　2　にそって　　3　次第で　　4　にあたり

**9** この問題集は、実際の試験形式（　　　）作られている。

1　にあたって　　2　にそって　　3　にわたって　　4　に先立って

**10** これは6年間（　　　）観測データをまとめたものです。

1　に先立つ　　2　に関する　　3　にそう　　4　にわたる

**11** 実物を（　　　）上で、買うかどうか決めます。

1　見る　　2　見て　　3　見た　　4　見ない

**12** 子どもには勉強しろと（　　　）つつ、大人が勉強しないのはよくないと思う。

1 言う　2 言い　3 言って　4 言った

**13** 昔からの習慣で、女性はこの中に入ってはいけない（　　　）。

1 つつある　2 べきである
3 ことになっている　4 わけにはいかない

**14** 日本の美しい伝統は、日本人に（　　　）。

1 忘れざるをえない　2 忘れられつつある
3 忘れることになっている　4 忘れるにすぎない

**15** 確かに、今この商品は人気があるが、一時的な流行（　　　）。

1 次第だ　2 にすぎない
3 せざるをえない　4 であるわけではない

第四週

## 問題2 次の文の＿★＿に入る最もよいものを、１・２・３・４から一つ選びなさい。

**16** うそはつきたくないから、＿＿＿ ＿＿＿ ＿★＿ ＿＿＿ えない。

1 たら　2 ざるを　3 真実を話さ　4 聞かれ

**17** けがのせいで、大好きなテニスがもうできなくなってしまった。残念だが ＿＿＿ ＿＿＿ ＿★＿ ＿＿＿ 趣味を探そう。

1 何か　2 ほかの　3 上は　4 こうなった

**18** いつもぎりぎりにならないと準備ができない。今回ももっと ＿＿＿ ＿＿＿ ＿★＿ ＿＿＿ だった。

1 準備して　2 早くから　3 べき　4 おく

**19** 一人の力は小さくても、大勢が集まれば大きい力になります。そこで、皆さんに ＿＿＿ ＿＿＿ ＿★＿ ＿＿＿ です。

1 次第　2 する　3 お願い　4 ご協力を

**20** この町の市長は20代、30代の人々に支持されている。＿＿＿ ＿＿＿ ＿★＿ ＿＿＿ 支持されていない。

1 それに　2 人々には　3 40代、50代の　4 対し

**問題3** 次の文章を読んで、[ 21 ]から[ 25 ]の中に入る最もよいものを、1・2・3・4から一つ選びなさい。

> 初夏を思わせる陽気となりましたが、先生にはお元気でご活躍のことと存じます。就職[ 21 ]、大変お世話になりました。おかげさまで、現在は経理の仕事にかかわっておりますが、努力[ 22 ]希望していた営業部へ移ることも可能だということで、今は先輩のやり方を[ 23 ]、一つ一つ仕事を覚えているところです。会社の事業は全世界にわたっており、夏には香港にも支店を出すことになっております。それに先立ち、準備のために上司とともに私も出張することも多く、苦手な英語や中国語も[ 24 ]状況ですが、やりがいがあります。紹介してくださった先生のご期待[ 25 ]ことができるようがんばります。
>
> では、季節の変わり目ですので、どうぞお体に気をつけてお過ごしください。

[ 21 ]　1 にあたっては　2 にそっては　3 にわたっては　4 にこたえては

[ 22 ]　1 向けでは　2 に先立ち　3 次第では　4 に対しては

[ 23 ]　1 見習い次第　2 見習うくせに　3 見習う上で　4 見習いつつ

[ 24 ]　1 使うにすぎない　2 使わざるをえない
4 使うべきではない　4 使われつつある

[ 25 ]　1 にあたる　2 にかかわる　3 に対する　4 にこたえる

## 敬語　お礼を言う①

✤ 意見をもらう→ **ご意見を(いただき／ちょうだいし)**ありがとうございました

✤ 見てもらう→ **見ていただき／ご覧いただき**、ありがとうございました。

**【問い】** 正しいものを（　　）から一つ選びなさい。(答えはp.79)

① お忙しいところ、おいで(a.ちょうだいし　b.いただき)ましてありがとうございました。

② 貴重なご意見を(a.ちょうだいし　b.拝見し　c.拝借し)、感謝いたしております。

73ページの答え：Ⅰ－①b　②a　③a　④a　⑤b　Ⅱ－⑥3→2→4→1　⑦1→4→2→3

# おぼえてみようではないか

Why not try to remember

来记住它吧

함께 외워 보자



## 今週の表現

**一日目**
- □覚えられっこない
- □言いかねない
- □わかりかねる
- □信じがたい

**二日目**
- □富士山が見えることから
- □彼のことだから
- □休むことなく
- □やってみないことにはわからない

**三日目**
- □嫌われて当然だ
- □怒るのももっともだ
- □新品も同然だ
- □あるだけましだ

**四日目**
- □一流ホテルだけあって
- □成績がいいばかりかスポーツも
- □あの飛行機に乗ったばかりに
- □日本のみならず外国でも

**五日目**
- □飲もうではないか
- □言いようがない
- □泣いているかのようだ
- □行けそうにない

**六日目**
- □申し込みに際して
- □計画に基づいて
- □必要に応じて
- □青空の下で

# 第５週　おぼえてみようではないか

## １日目　信じがたい

Difficult to believe
难以相信
믿기 어렵다

いや、彼なら
やりかねない。

## 覚えられっこない　（－）

一日でこの本の文法全部なんて、<u>覚えられ**っこない**</u>。
（＝絶対覚えられない）

It is impossible to memorize the grammar in this book in one day.
一天时间不可能把这本书的全部语法都记下来。　하루에 이 책의 문법 전부 절대 외울 수 없어.

今の実力では、試験に<u>受かり**っこない**</u>。（＝絶対に受からない）
It is impossible to pass the test with my current abilities.
凭现在的实力，不可能考取。　지금 실력으로는 절대 시험에 붙을 수 없다.

> V~~ます~~っこない

## 言いかねない　（－）

そんなひどいことも、あの人なら<u>言い**かねない**</u>。
（＝言うかもしれない）

It wouldn't surprise me that he said something that horrible.
那么过分的话，要是他，倒是有可能说得出口。　그런 심한 것도, 저 사람이라면 말할 법 하다.

この問題を解決せずに放っておいたら、国際問題に<u>なり**かねない**</u>。（＝なるかもしれない）

If this problem is not resolved, it could become an international problem.
不解决这个问题，放任不管的话，可能会造成国际问题。　이 문제를 해결하지 않고 놔 두면, 국제 문제로 될지 모릅니다.

> V~~ます~~かねない
>
> ◆「Vたら」「Nなら」と一緒に使うことが多い。
>
> ◆悪い結果について使う。
> Used for bad results.
> 用于不好的结果。
> 나쁜 결과에 대해 사용하다.

## わかりかねる　硬

申し訳ありませんが、私には<u>わかり**かねます**</u>。（＝わかりません）
I am very sorry, but I don't have that information.
对不起，我很难理解。　죄송합니다만, 저로서는 이해하기 어렵습니다.

そのようなご依頼は、お引き受け<u>し**かねます**</u>。（＝できません）
I cannot accept such a request.　那样的委托，我难以接受。　그러한 의뢰는 받아들이기 어렵습니다.

> V~~ます~~かねる
>
> ◆改まった表現。
> A formal spoken word.
> 稍微正规的表现形式。
> 격식 차린 구어체.

## 信じがたい

〈～難い〉硬

これは<u>信じ**がたい**</u>話だが、事実である。（＝信じられない）
This story is hard to believe but true.
这是难以置信的事，但却是事实。　이것은 믿기 어려운 이야기지만 , 사실이다 .

人が人の命をうばうなんて、<u>許し**がたい**</u>。（＝許せない）
It is hard to accept that people steal others' lives.
草菅人命的事，是不能宽恕的。　사람이 사람의 목숨을 빼앗다니 용서할 수 없다 .

信じ~~ます~~**がたい**

れい　言い**がたい**
理解し**がたい**
捨て**がたい**
忘れ**がたい**

**練習Ⅰ**　正しいほうに○をつけなさい。

① 休まずに長時間運転したら、事故を起こし（a. かねる　b. かねない）。

② その要求は、受け入れ（a. っこない　b. がたい）ものであった。

③ 放っておいたら、彼は自殺し（a. がたかった　b. かねなかった）。

④ ３歳の子どもにそんな難しいことを言っても、わかり（a. っこない　b. かねない）よ。

⑤ ご予約金の返金はでき（a. かねます　b. かねません）。

**練習Ⅱ**　下の語を並べ替えて正しい文を作りなさい。＿＿に数字を書きなさい。

⑥ 車内での携帯電話の使用は ＿＿ ＿＿ ＿＿ ＿＿ 。

1　トラブルの　　2　乗客同士の　　3　なりかねない　　4　原因とも

⑦ いつも ＿＿ ＿＿ ＿＿ ＿＿ 信じられっこない。

1　君の話　　2　言っている　　3　うそばかり　　4　なんか

（答えは p.81）

第五週

**左ページ上の訳**

"He wouldn't do such a terrible thing." "Well, it wouldn't surprise me if he did."
" 那么过分的事，没人会做的。" " 不，他就可能做。"
「런 심한 짓 절대 할 리 없어 .」「그 아니 , 그라면 할지 몰라 .」

| 76 ページの答え：　①b　②a |
|---|

# 第５週　おぼえてみようではないか

## 2日目　あの人のことだから

Knowing him
按他的为人处事
그 사람이니까

田中さんが来ないことには始められないね。

あの人のことだから時間ぴったりには来ないよ。

### 富士山が見えることから

富士山が見えることから、この町は富士見町という名前がついた。（＝見えるという理由で）
This town was named Fujimicho because you can see Mt. Fuji.
因为能看到富士山，所以这里也叫做富士见町。
후지산이 보여서 , 이 마을은 후지산이 보이는 마을이라는 이름이 붙여졌다 .

V/A/na/N普 ／ ❗ na~~だ~~な ／ N~~だ~~である ― ことから

ここは桜の名所であることから、春には花見客が大勢やってくる。（＝名所だという理由で）
Since this place is well-known for its cherry blossoms, in spring many people visit.
因为这里以樱花著称，所以一到春天就会有很多赏花的游客慕名而来。　여기는 벚꽃의 명소여서 , 봄에는 벚꽃놀이 구경꾼이 많이 온다 .

### 彼のことだから

いつも遅刻する彼のことだから、もうすぐ現れるだろう。（＝彼はいつも遅刻するから、きっと）
He is always late. He should be arriving soon.
他平时总是迟到，按他的一贯作风，也快到了吧。　언제나 지각하는 그이니까 , 이제 곧 나타날 거다 .

Nの ことだから

親切な林さんのことだから、頼めば手伝ってくれるよ。（＝林さんは親切だから、きっと）
Since Hayashi-san is kind, he will help you if you ask.
林先生为人很好，以他的作风，求求他，他就会帮忙。　친절한 하야시 씨니까 , 부탁하면 도와줄 거에요 .

### 休むことなく

雨は休むことなく降り続いた。（＝休まないで）
It rained continuously without end.　雨不停地下。　비는 그치는 일 없이 계속 내렸다 .

Vることなく

時は止まることなく流れる。（＝止まらないで）
Time passes without stopping.　时间永不停息地流逝着。　시간은 멈춤 없이 흐른다 .

# やってみないことにはわからない

<u>やってみないことには</u>、できるかどうかわからない。
(＝やってみなければ)

$V_1$ないことには$V_2$ない

I won't know if I can do it unless I try.
不试试去做，就不知道行不行。　해 보지 않고서는 할 수 있을지 어떨지 모른다.

実物を<u>見ないことには</u>、買う気にはなれない。(＝見なければ)
I don't feel like buying it untill I actually see it.
看不到实物，就不会有购买欲。　실물을 보지 않고서는 살 마음이 들지 않는다.

**練習Ⅰ** 正しいほうに○をつけなさい。

① 彼が（a. 来る　b. 来ない）ことには、会議を始められない。

② 彼女の（a. ことから　b. ことだから）、30分前には来ているはずだよ。

③ 教室で席がとなりだった（a. ことだから　b. ことから）、友人になった。

④ この作業が終わらない（a. ことには　b. ことなく）、次の作業ができない。

⑤ 作品が認められるのを知る（a. ことには　b. ことなく）、彼は死んだ。

**練習Ⅱ** 下の語を並べ替えて正しい文を作りなさい。____に数字を書きなさい。

⑥ 毛の色が白い ____ ____ ____ ____ 犬や猫は多い。

1　シロという　　2　名前が　　3　つけられる　　4　ことから

⑦ あなたが何を悩んでいるのか ____ ____ ____ ____ られない。

1　助け　　2　言って　　3　ことには　　4　くれない

(答えは p.83)

**左ページ上の訳**

"We can't start without Tanaka-san." "Knowing him, he won't come on time."
"田中先生不来的话，我们无法开始。" "按他的一贯作风，是不会准时来的。"
「다나카 씨가 오지 않고서는 시작할 수 없잖아요.」「그 사람이니까 시간에 딱 맞춰서는 오지 않아요.」

79ページの答え：Ⅰ－①b　②b　③b　④a　⑤a　Ⅱ－⑥2→1→4→3　⑦3→2→1→4

# 3日目　あるだけましだ

It is better than nothing
只要有，就算不错了。
있는것만으로 다행이다

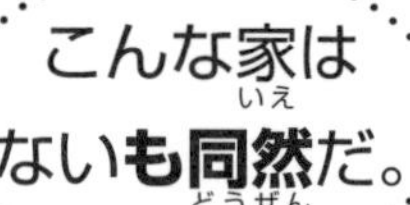

こんな家でも
あるだけましだ。

## 嫌われて当然だ

ひどいことばかり言ったので、彼女に嫌われて当然だ。
(＝普通は嫌われる)

I am not surprised that she dislikes me because I said a lot of nasty things.
因为总是说些过分的话，被她讨厌是理所当然的。
심한 것만 말했기때문에 그녀가 싫어해도 당연하다.

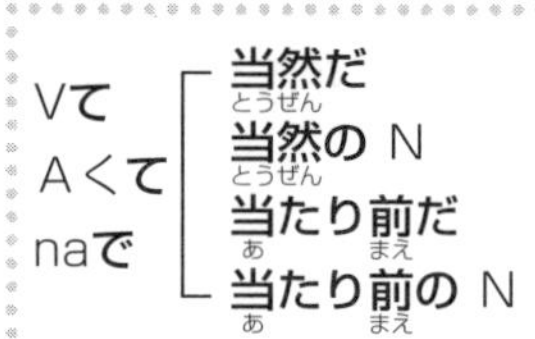

Vて / Aくて / naで ＋ 当然だ / 当然の N / 当たり前だ / 当たり前の N

相手のチームは弱い。勝って当たり前だ。(＝普通は勝つ)
The other team is not good so we were obviously going to win.
对手队实力弱。当然会取胜。 상대 팀은 약하다. 이기는 것도 당연하다.

## 怒るのももっともだ

君が裏切ったのだから、彼女が怒るのももっともだ。
(＝普通は怒る)

You let her down, so no wonder she is mad.
因为是你背叛，她生气也是情理之中的。 네가 배신했기 때문에 그녀가 화를 내는것도 당연하다.

Vるの / Aいの / Naなの ＋ も / は ＋ もっともだ / もっともなN

◆もっとも＝当たり前／当然

れい　彼が悲しむのももっともな話だ。

あなたがそう言うのはもっともだ。(＝普通はそう言う)
You are quite right in saying so.
你那样说很有道理。 네가 그렇게 말하는 것은 당연하다.

## 新品も同然だ

この車は中古車といっても新品(も)同然だ。
(＝新品と同じようだ)

Although this is a used car, it looks like new.
这车虽然是二手车，不过和新车一样。 이 차는 중고차라고 해도 신품과 같다.

V㊇ も / N(も) / ないも ＋ 同然だ / 同然の N

彼の財産はないも同然だ。(＝ないと言ってもいいくらいだ)
He has virtually no assets.　他相当于没有财产。 그의 재산은 없는것과 마찬가지이다.

# あるだけましだ

君は仕事があるだけましだよ。俺は首になってしまった。
(＝あるからまだいい)

V/A/na普 ］だけましだ
❗ na ~~だ~~ な

You should be grateful for even having a job. I have just been fired.
你还有工作就不错了，我已经被炒鱿鱼了。 너는 일이 있는 것만으로 다행이다. 나는 해고됐다.

給料が減ったけれど、首にならないだけましだ。(＝首にならないからまだいい)
Although my pay has gone down, I am grateful for having a job.
虽然工资降了，但没被炒鱿鱼就算不错了。 급료가 줄었지만, 해고가 되지 않은 것만으로 다행이다.

僕のアパートは、狭くて高いけれど、便利なだけましだ。(＝便利だからまだいい)
Although my apartment is small and expensive, it is conveniently located.
我的公寓又小又贵，不过还算方便。 나의 아파트는 좁고 높지만, 편리한만큼 다행이다.

**練習Ⅰ** 正しいほうに○をつけなさい。

① よその家の庭に勝手に入ってうろうろしていたら、どろぼうと間違われて(a. 当然だ　b. ましだ)。

② 市民にとって役に立つことに税金を使ってほしいという声は(a. もっとも　b. 同然)だ。

③ 田中さん一家とは親しくて、家族も（a. 同然　b. 当然）のおつきあいをしています。

④ ケガをしてから、普通はできて（a. 当たり前の　b. もっともな）ことができない。

⑤ 大学入試のころは雪の日が多い。今日は寒いけれど、雪が（a. 降る　b. 降らない）だけましだ。

**練習Ⅱ** 下の語を並べ替えて正しい文を作りなさい。＿＿に数字を書きなさい。

⑥ 今度のアルバイト、＿＿ ＿＿ ＿＿ ＿＿ です。

1　だけまし　　2　けど　　3　交通費が出る　　4　時給は安い

⑦ A社の株価が暴落して、私の ＿＿ ＿＿ ＿＿ ＿＿ なってしまった。

1　同然に　　2　持っていた　　3　紙くず　　4　株券は

(答えは p.85)

**左ページ上の訳**

"A house like this is virtually worthless." "It's certainly better than nothing."
"这样的房子相当于没有。" "就算是这样的房子，有就不错了。"
「이런 집은 없는 것과 마찬가지이다.」「이런 집이라고 있는 것이 낫다.」

| 81 ページの答え： Ⅰ－①b　②b　③b　④a　⑤b　Ⅱ－⑥4→1→2→3　⑦2→4→3→1 |
|---|

第五週

# ４日目　選手だっただけに

As he was an athlete
原来不愧是运动员
선수였던 만큼

若いとき水泳の選手だった**だけに**、泳ぎがうまい**ばかりでなく**スピードもある。

## 一流ホテルだけあって

ここは一流ホテル**だけあって**快適だった。（＝一流ホテルらしく）
As it was a first-rate hotel, it was comfortable.
这里不愧是一流宾馆，的确舒服。　여기는 일류 호텔인 만큼 쾌적했다.

V/A/na/N 普 ┐だけあって
❗ na~~だ~~な　だけに
N~~だ~~　　┘だけのことはある

このバッグは安い**だけに**すぐに壊れてしまった。（＝安いものらしく）
This bag was very cheap so it fell apart.　这包就因为便宜，马上就坏了。이 가방은 싼 만큼 금방 고장이 나 버렸다.

このいすは丈夫だ。高かった**だけのことはある**。
（＝高かったが、なるほどその価値があると納得できる）
This chair is built solidly. It was a worthwhile investment even though it was expensive.
这个椅子很结实，的确是物有所值。　이 의자는 튼튼하다. 비싼 만큼의 것은 있다.

## 成績がいいばかりかスポーツも

あの人は、学校の成績がいい**ばかりか**スポーツ**も**できる。
（＝成績がいいだけでなく、その上）
Not only does he have a good school record, he can also play sports well.
他不仅学校里的成绩好，体育也很好。저 사람은 학교 성적이 좋을 뿐만 아니라, 운동도 잘한다.

【aばかりか/ばかりでなくbも】
V/A/na/N 普 ┐ばかりか
❗ na~~だ~~な　ばかりでなく
N~~だ~~　　┘

このあたりは、空気**ばかりでなく**水**も**汚染されている。（＝空気だけでなく）
In this area, not only is the air polluted, so is the water.
这一带不仅空气、就连水也被污染了。　이 주변은 공기뿐만 아니라 물도 오염되어 있다.

## あの飛行機に乗ったばかりに

あの飛行機に乗った**ばかりに**、彼は死んだ。（＝乗ったために）
Because he went on that plane, he died.
就因为乘坐了那班飞机，他死了。　저 비행기에 타는 바람에, 그는 죽었다.

V/A/na/N 普 ┐
❗ na~~だ~~な　ばかりに
N~~だ~~である┘

◆悪いことが起きた理由の強調。
Emphasizing the reason why something bad happened.
强调不好结果的成因。
나쁜 일이 일어난 이유를 강조하고 있다.

英語の先生が嫌いな**ばかりに**、英語も嫌いになってしまった。（＝嫌いなために）
Because I dislike the English teacher, I have come to dislike English too.
就因为讨厌英语老师，所以也讨厌起英语来。　영어 선생님을 싫어한 탓에, 영어도 싫어졌다.

## 日本のみならず外国でも 硬

その映画は日本のみならず、外国でもよく知られている。(＝日本だけでなくさらに)
That film is well-known not only in Japan but overseas as well.
那部电影不仅在日本，在国外也很有名。 그 영화는 일본뿐만 아니라, 외국에도 잘알려져 있다.

この料理は味が良いのみならず、見た目も美しい。(＝味が良いだけでなくさらに)
This food not only looks good, but also tastes good.
这道菜不仅味道好，外观也漂亮。 이 요리는 맛이 좋을 뿐만 아니라 보기에도 아름답다.

子どものみか大人もこのゲームにはまっている。(＝子どもだけでなくさらに)
Not only children but also adults are into this TV game.
不光孩子，连大人都迷上了这游戏。 아이뿐만이 아니라 어른도 이 게임에 빠져 있다.

V/A/na/N 普 ／ ❗ na~~だ~~である ／ N~~だ~~ ＋ のみならず ／ のみか
◆「だけでなく」「ばかりでなく」の硬い表現。

**練習Ⅰ** 正しいほうに○をつけなさい。

① この家具はデザインがいい (a. だけに　b. ばかりか) 丈夫だ。

② あの先生は教え方がうまい (a. だけあって　b. のみならず) 親切だ。

③ 仕事ができる (a. ばかりか　b. ばかりに)、人の何倍も仕事を頼まれて困る。

④ 彼は強い (a. ばかりでなく　b. だけあって)、心も優しい。

⑤ これはおいしい。並んで買った (a. だけの　b. だけに) ことはある。

**練習Ⅱ** 下の語を並べ替えて正しい文を作りなさい。____に数字を書きなさい。

⑥ たまたま ____ ____ ____ ____ 事故にあってしまった。

1 かかった　2 そこを　3 ばかりに　4 通り

⑦ 彼は文章表現が上手だ。____ ____ ____ ____。

1 新聞記者　2 ある　3 のことは　4 だけ

(答えは p.87)

**左ページ上の訳**

As he was a swimmer when he was young, he swims not only beautifully but fast.
年轻时不愧是运动员，不仅游泳游得好，还有速度。
젊었을 때 수영 선수였던 만큼, 수영을 잘 할 뿐만 아니라 스피드도 있다.

83ページの答え：Ⅰ－①a ②a ③a ④a ⑤b　Ⅱ－⑥4→2→3→1 ⑦2→4→3→1

## 第５週　おぼえてみようではないか

# ５日目　片づけようがない

Impossible to tidy it up
没法收拾
치울 도리가 없다

まるで泥棒が入ったかのようだ。片づけようがない。

## 飲もうではないか　硬

今日はお祝いだ。みんなで**飲もうではないか**。
(＝お酒を飲みましょう)
Today is a celebration. Let's all drink together.
今天庆祝一下。大家一起好好喝一顿吧！　오늘은 축일이다. 모두 마시자구.

だれもやらないなら、ぼくが**やってみようじゃないか**。
(＝やってみましょう)
If no one dares to do it, I'll try.
如果谁都不干，那我就试试吧。　누구도 하지 않는다면, 내가 해 보지.

Vよう［ではないか。／じゃないか。
◆強い誘い／強い意志
男性的
A strong invitation / A strong will
Masculine
强烈的邀请 / 强烈的意志
适合男性
강한 권유 / 강한 의지
남성적

## 言いようがない

何と言ったらいいのか、**言いようがない**。(＝言う方法がない)
I really don't know how to express it.
说什么好呢？简直无话可说。　뭐라고 말하면 좋을지, 할말이 없다.

この作文は、日本語がめちゃくちゃで**直しようがない**。(＝直す方法がない)
The Japanese in this essay is so bad that it's impossible to fix.
这篇作文，日语混乱，简直没法改。　이 작문은, 일본어가 엉망진창이어서 고칠 방법이 없다.

V~~ます~~［ようが ない／ようも ない

## 泣いているかのようだ

葬式が始まると雨が降り出した。
まるで空が**泣いているかのようだ**。(＝泣いているみたいだ)
When the funeral started, it began to rain. It was as if the sky was crying.
葬礼一开始就下起雨来，仿佛上天也哭了似的。
장례식이 시작되자 비가 내리기 시작했다. 마치 하늘이 울고 있는 것 같다.

怖いものでも**見たかのように**、彼女は震えていた。(＝見たみたいに)
She was shivering as if she had seen something frightening.
好像看到了什么吓人的东西似的，她浑身颤抖起来。　무서운 것이라도 본 듯이 그녀는 떨고 있었다.

V/A/na/N 普
❗ na~~だ~~である
N~~だ~~である
］かの ようだ。／かの ように～

## 行けそうにない

最近仕事がすごく忙しくて、同窓会に行け**そうにない**よ。
(=行ける可能性は低い)
I am so busy at work these days, I do not think I can attend the reunion.
最近工作非常忙，看来没法参加同学聚会。 최근 일이 무척 바빠서 동창회에도 갈수 있을 것 같지 않다.

V~~ます~~ ┌そうに ない
V れ~~る~~ └そうも ない
れい 来**そうにない**
雨がやみ**そうにない**

でき**そうもない**ことを、できると言ってしまって後悔している。(=やれる可能性が低い)
I regret offering to do something which I probably can't.
不太可能做到的事情却说能做到，我现在后悔了。 할수 있을 것 같지 않은 일을 할수 있다고 말해 버려서 후회하고 있다.

**練習Ⅰ** 正しいほうに○をつけなさい。

① 交通機関がストップすると、会社へは (a. 行きよう　b. 行こう) がない。

② 友達は自分が (a. 合格する　b. 合格した) かのように喜んでくれた。

③ もう一度話し合おう (a. でもないか　b. ではないか)。

④ この仕事、まだ半分もできていないから、今日中には (a. 終わりそうにない　b. 終わりそうじゃない)。

⑤ 彼は知らないことも、(a. 知らない　b. 知っている) かのように話す。

**練習Ⅱ** 下の語を並べ替えて正しい文を作りなさい。＿＿に数字を書きなさい。

⑥ 雨の中を走ってきた彼女は ＿＿ ＿＿ ＿＿ ＿＿ だった。

1　川で泳いできた　　2　全身ずぶぬれで
3　かのよう　　4　まるで

⑦ 今の私の ＿＿ ＿＿ ＿＿ ＿＿ ない。

1　言い表し　　2　言葉では　　3　ようが　　4　気持ちは

(答えは p.89)

**左ページ上の訳**

It's as if a burglar got in. It'll be a huge job to tidy this up.
简直像进了小偷。没法收拾。
마치 도둑이 들어온 것 같다 . 치울 도리가 없다 .

85 ページの答え： Ⅰ－①b　②b　③b　④a　⑤a　Ⅱ－⑥2→4→1→3　⑦1→4→3→2

**第５週　おぼえてみようではないか**

# 6日目　事実に基づいて

Based on fact
根据事实
사실에 근거하여

## 申し込み**に際して**　硬

お申し込み**に際しては**、写真が必要となります。（＝申し込むとき）
To apply, a photograph is required.
报名时，需要照片。　신청할 때는 , 사진이 필요합니다 .

Ａ氏は日本を訪問する**に際し**、喜びを語った。
（＝訪問することになって）
Mr. A spoke of his joy of visiting Japan.
A在访问日本期间，表达了自己的喜悦之情。　A 씨는 일본을 방문하게 되어 , 기쁨을 이야기했다 .

N~~する~~に / Vるに
- 際して
- 際し
- 際しては
- 際してのN

（＝「にあたり」☞p.72）

れい　受験に際して
入学に際して

## 計画**に基づいて**

この工事は市の計画**に基づいて**進められます。（＝計画のとおりに）
This construction is being put forward based on the city's plans.
这项工程是基于市政规划进行的。　이 공사는 시의 계획에 따라 진행됩니다 .

長年の経験**に基づき**新入社員を教育する。
（＝長い間の経験を参考にして）
Based on many years of experience, I train the new employees.
基于多年的经验教育新职员。　다년간의 경험에 따라 신입사원을 교육한다 .

Nに
- 基づいて
- 基づき
- 基づく N
- 基づいた N

れい　資料に基づいて
考えに基づいて
意見に基づいて

## 必要**に応じて**

ソフトは、必要**に応じて**ダウンロードしてください。
（＝必要に合わせて）
Please download the software if necessary.
软件请按需下载。　소프트는 , 필요에 따라 다운로드 해 주세요 .

テスト結果に基づき、能力**に応じた**クラスに分けられます。
（＝能力に合った）
Based on the results of the test, you will be divided into classes according to ability.
基于考试结果，分到适合各自能力的班级。　테스트 결과에 따라 , 능력에 따른 클래스로 나뉩니다 .

Nに
- 応じて
- 応じ
- 応じた N

れい　要望に応じて
年齢に応じて
金額に応じて
状況に応じて

# 青空の下で

子どもたちが**青空の下で**元気に遊んでいる。（＝青空の下で）
The children are playing under the blue sky cheerfully.
孩子们在蓝天下快活地玩耍着。　어린이들이 파란 하늘 아래에서 건강하게 놀고 있다.

田中先生の**ご指導の下**、研究論文を書いています。
（＝指導を受けながら）
I am writing my research paper, under Mr. Tanaka's guidance.
在田中老师的指导下，写研究论文。　다나카 선생님의 지도 하에, 연구 논문을 쓰고 있습니다.

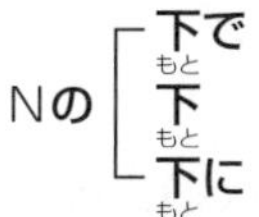

**練習Ⅰ** 正しいほうに○をつけなさい。

① この番組は、皆様からのご意見（a. のもとで　b. に基づいて）構成されています。

② 契約に（a. 応じ　b. 際し）、注意すべき点について説明します。

③ この店では、買った量に（a. 応じて　b. 際して）商品の値段が安くなります。

④ 職場では、状況に（a. 際した　b. 応じた）判断が必要です。

⑤ 人間工学に（a. 応じた　b. 基づいた）家具を作っている。

**練習Ⅱ**（　）には同じ言葉が入ります。1・2・3・4の中から一つ選びなさい。

目が不自由な人のために働く犬は、子犬のとき8ヵ月くらいまでは一般家庭の愛情（　　）育てられる。その後、プロのトレーナー（　　）きびしい訓練を受ける。

1 の下で　2 に応じて　3 に基づいて　4 に際して

（答えは p.92）

**左ページ上の訳**

This drama was created based on fact. "Oh, it really happened."
这部电视剧是根据事实拍摄的。"原来是真事儿啊！"
이 드라마는, 사실에 근거하여 제작되었습니다.「정말로 있었던 일이구나.」

87ページの答え：Ⅰ－①a　②b　③b　④a　⑤b　Ⅱ－⑥2→4→1→3　⑦4→2→1→3

# ７日目　実戦問題
じっせんもんだい

Practice Exercise
实战问题
실전문제

制限時間：15分
せいげんじかん　ふん
1問4点
もん　てん

点数
てんすう
／100

（答えは別冊 p.4）

**問題１**　次の文の（　　）に入れるのに最もよいものを、１・２・３・４から一つ選びなさい。

**1**　この寺は、あじさいという花で有名な（　　　）、あじさい寺と呼ばれています。

1　ことには　　2　ことから　　3　ことだから　　4　ものなら

**2**　私は背が高い（　　　）、どこにいても目立ってしまう。

1　わりに　　2　かわりに　　3　ばかりに　　4　どころか

**3**　ご予算（　　　）お食事が楽しめます。

1　に対して　　2　に際して　　3　に比べて　　4　に応じて

**4**　なぜあんなことをしたのか、本人に聞いてみない（　　　）理由はわからない。

1　ことには　　2　ことから　　3　ことだから　　4　ものなら

**5**　この寮（りょう）に入る（　　　）、以下の規則をよく読んでおいてください。

1　に基づいて　　2　に応じて　　3　に際して　　4　に反して

**6**　彼は自分でも認めている（　　　）、確かにあきっぽい。

1　だけあって　　2　ばかりか　　3　ことから　　4　というより

**7**　税金はこの表（　　　）計算されています。

1　につれて　　2　に応じて　　3　に比べて　　4　に基づいて

**8**　よっぱらい運転は、運転者（　　　）ほかの人々をも危険にさらす。

1　だけに　　2　わりに　　3　ばかりか　　4　というと

**9**　信用できる教育者（　　　）子どもを学ばせたい。

1　の下で　　2　に応じて　　3　に際して　　4　に基づいて

**10**　彼女の考え方や行動は、普通の人からは理解（　　　）。

1　しうる　　2　しがたい　　3　しかねない　　4　しかない

11 黄色い花が畑一面に咲いて、まるで黄色いカーペットをしいた（　　　）。

1　ことか　　2　せいだ　　3　だけある　　4　かのようだ

12 明日こそ、皆でわが校サッカー部の試合を応援しに（　　　）。

1　行くものか　　2　行こうではないか

3　行くこそ　　4　行くんだっけ

13 できない約束をしても、（　　　）。

1　守れがたい　　2　守れっこない　　3　守るわけだ　　4　守りかねない

14 会員様の個人情報はお教え（　　　）。

1　するわけです　　2　してなりません　　3　しかねます　　4　しかねません

15 姉は３日も寝ないで机に向かっている。あれでは体を（　　　）。

1　こわしようがない　　2　こわしっこない

3　こわしかねる　　4　こわしかねない

第五週

**問題２** 次の文の ___★___ に入る最もよいものを、１・２・３・４から一つ選びなさい。

16 あの鳥は ＿＿＿ ＿＿＿ ＿★＿ ＿＿＿ 。

1　美しい　　2　姿も　　3　鳴き声　　4　のみか

17 彼はイタリアにくわしい。＿＿＿ ＿＿＿ ＿★＿ ＿＿＿ ある。

1　ことは　　2　ずっと　　3　いるだけの　　4　行きたがって

18 待ち合わせの時間に遅れそうだ。＿＿＿ ＿＿＿ ＿★＿ ＿＿＿ きっと怒るだろう。

1　うるさい　　2　ことだから　　3　彼の　　4　時間に

19 どんなに練習しても、進歩は見られなかった。しかし、彼女は ＿＿＿ ＿＿＿ ＿★＿ ＿＿＿ を続けた。

1　あきらめる　　2　練習　　3　なく　　4　こと

20 たとえ言葉に出していないとしても、その ＿＿＿ ＿＿＿ ＿★＿ ＿＿＿ 私は思います。

1　態度は　　2　同然だと　　3　嫌だと　　4　言っているのも

**問題3** 次の文章を読んで、[21]から[25]の中に入る最もよいものを、１・２・３・４から一つ選びなさい。

英語が苦手な[　21　]、せっかく行った海外旅行先で、コミュニケーションがうまくとれずに自分の意思を伝えられなかった、という経験はありませんか。そうなると旅の楽しみも半減[　22　]。やっぱり英語が話せるようになりたい。そんな方におすすめなのが「英会話マジック」です。たったの一週間で英語がペラペラになる、といきなり言われてもすぐには[　23　]でしょう。そう思われるのももっともですが、ご安心ください。当社の「英会話マジック」は日本[　24　]海外でも高い評価を得て、その実力はすでに広く知られております。ご使用になられた方からも、「まるで音楽のメロディーを聞いているかのように英語が頭に入ってくる」という声が届いております。お支払い[　25　]は、分割払いも承りますので、お気軽にどうぞ。

| | | | | |
|---|---|---|---|---|
| 21 | 1　ことだから | 2　ばかりに | 3　ことなく | 4　ことには |
| 22 | 1　しがたい | 2　しかねます | 3　しかねません | 4　しそうにない |
| 23 | 1　信じて当然 | 2　信じかねない | 3　信じがたい | 4　信じるだけある |
| 24 | 1　かのように | 2　だけあって | 3　のみならず | 4　ばかりに |
| 25 | 1　の下で | 2　に応じて | 3　に基づいて | 4　に際して |

## 敬語　ほかの人について話す①

✤ 社長が(あなたを)呼んでいます → **お呼びです**
✤ 先生は生物学を研究しています → **ご研究です・ご研究なさっています**

**【問い】** 正しいものを（　　）から一つ選びなさい。（答えは p.95）

① 部長、社長が（a. お待ちです　b. お待ちしています　c. お待っていらっしゃいます）。

② 教授は英文学が（a. ご専門になっています　b. ご専門いらっしゃいます　c. ご専門です）。

89 ページの答え：Ⅰ－①b　②b　③a　④b　⑤b　Ⅱ－1

# やるからにはおぼえよう

As long as you do it, remember

既然学了，就要记住

하는 이상 외우자



## 今週の表現

**一日目**
- □日本に来て**以来**
- □試験を受ける**以上**
- □約束した**からには**
- □来日の**折には**

**二日目**
- □客の立場**から言うと**
- □症状**からすると**
- □服装**からして**
- □外国人**から見ると**

**三日目**
- □好きだ**からといって**
- □手続きし**てからでないと**
- □2007年**から**2009年**にかけて**
- □足の速さ**にかけては**

**四日目**
- □中止だ**とか**
- □二度と行く**まい**
- □わかる**まい**
- □話そう**か**話す**まいか**

**五日目**
- □勝つ**に決まっている**
- □勝つ**とは限らない**
- □祈る**よりほかない**
- □努力の結果**にほかならない**

**六日目**
- □中国**をはじめ**アジアの国々が
- □憲法改正**をめぐって**
- □京都**において**
- □現地**にて**

# 第6週　やるからにはおぼえよう

## 1日目　決めた以上

Once I decided
既然决定了
결심한 이상

## 日本に来て以来

日本に来て以来、母の料理を食べていない。
(＝日本に来てからずっと)
Since I came to Japan, I haven't eaten my mother's food.
来到日本后，就再没有吃过妈妈做的饭。　일본에 온 이래, 어머니의 요리를 못 먹고 있다.

入学以来、一度も授業を休んでいない。(＝入学してからずっと)
Since I entered school, I have never missed class.
入学以来，一次都没有缺过课。　입학 이래, 한번도 수업을 안 쉬었다.

> N / Vて / それ / あれ ＋ 以来

## 試験を受ける以上

試験を受ける以上、いい点を取りたい。(＝受けるのだから)
Now that I'm taking the test, I want to do well.
既然参加考试，就想得个好分数。　시험을 보는 이상, 좋은 점수를 따고 싶다.

日本に来た以上は、日本語ができるようになりたい。
(＝来たのだから絶対)
Now that I've come to Japan, I want to become competent in Japanese.
既然来到日本，就想把日语学会。　일본에 온 이상은, 일본어를 할 수 있게 되고 싶다.

> V普 / Nである ＋ 以上 / 以上は
> (＝「上は」☞p.62)
> ◆当然、という気持ち。

## 約束したからには

約束したからには、守るべきだ(☞p. 70)。(＝約束したのだから)
Since you have made a promise, you should keep it.
既然约好了就要守约。　약속한 이상은 지켜야 한다.

試合に出るからには、勝ちたい。(＝出るのだから)
Since I'll be in the games, I want to win.
既然参加比赛，就想赢。　시합에 나가는 이상은, 이기고 싶다.

> Vるからには
> Vたからには
> ◆＝「以上」「上は ☞p.62」
> ◆当然、という気持ち。

## 来日の**折には** 硬

**来日の折には**、ぜひこちらにお立ち寄りください。(＝来日したときには)
Please visit us when you come to Japan.
来日本的时候，一定要来我这里。 일본에 오실 때에는 꼭 여기에 들러 주세요.

次にお目にかかった**折に**、お借りしていた本をお返しします。
(＝会ったときに)
I will return the book I borrowed from you the next time I see you.
再见到您的时候，把借的书还给您。 다음에 뵙게 됐을 때에 빌렸던 책을 돌려 드리겠습니다.

Vる / Vた / Nの ＋ 折(に) / 折(に)は

**練習Ⅰ** 正しい文には○、正しくない文には × をつけなさい。

① 入学以上は、もちろん卒業したい。(　　)

② 卒業して以来ですから、10年ぶりですね。(　　)

③ 自分で決めたことからには、大変でもがんばろう。(　　)

④ この件は後ほど会議折にくわしくご説明申し上げます。(　　)

⑤ 会議に出席するからには、自分の意見を言うべきだ。(　　)

第六週

**練習Ⅱ** 次の文の (　　) に入れるのに最もよいものを、1・2・3・4から一つ選びなさい。

⑥「犬を飼ってもいいけど、(　　　) は自分で世話をするんですよ。」

1　飼う以上　　2　飼って以来　　3　飼ってからに　　4　飼って以上

⑦「週末に外食を (　　　)、おなかの調子が悪いんです。」

1　した以来　　2　して以来　　3　した以上　　4　したからには

⑧「先生の大切な本を (　　　)、難しくても読まなければと思います。」

1　貸して以来　　2　貸した以上
3　貸していただいた以上　　4　借りていただいて以来

(答えは p.97)

**左ページ上の訳**

"Since then, you haven't smoked?" "Once I decided to quit, I won't smoke!"
"从那以后就再没有抽过吗？" "既然决定戒烟，怎么可能再抽呢？"
「그 이후로, 피고 있지 않아?」「끊기로 결심한 이상, 필 까 보냐!」

92ページの答え：　①a　②c

# 第6週　やるからにはおぼえよう

## 2日目　ぼくから見ると

From my view
在我看来
내가 보기에

### 客の立場から言うと

客の立場から言うと、この店は入り口がせまくて入りにくい。
(＝客として意見を言えば)

しかし、店の側から言えば管理しやすい。
(＝店のほうから見て言えば)

From the customer's view, this shop has a small entrance which makes it hard to get in. However, from the perspective of the shop, it is easy to manage.
在客人看来，这家店入口很小不好进。但在店方看来，这样便于管理。
손님 입장에서 말하면, 이 가게는 입구가 좁아서 들어가기 힘들다. 그러나, 가게 측에서 말하면 관리하기 쉽다.

Nから ［言うと／言えば］

れい Nの考えから言うと
その点から言うと

ダメ ［人］から言うと

### 症状からすると

症状からすると、心臓の病気かもしれません。
(＝症状から考えると)
Judging from the symptoms, it may be a heart disease.
从症状来看，可能是心脏病。　증상으로 보면, 심장병일지도 모릅니다.

Nから ［すると／すれば／いって］

周りの態度からすると、あの方が社長ではないでしょうか。(＝周りの態度から考えると)
Judging from the attitudes of the people around him, he is probably the president.
从周围人的态度看，那人不会是社长吧。　주위의 태도로 보면, 저 사람이 사장님이 아닐까요?

### 服装からして

彼は服装からしてだらしない。きっと、ほかの面も同じだろう。
(＝まず、服装だけ見ても)
He looks sloppy so he is probably the same in other aspects.
光看他穿着就够邋遢的了，肯定其他方面也是一样吧。
그는 복장부터가 칠칠치 못하다. 분명, 다른 면도 마찬가지겠지.

あの映画は、題名からして悲しそうだ。(＝まず、題名だけでも)
Based on the title, the movie sounds sad.
那部电影光从片名看就像是悲剧。　저 영화는 제목부터가 슬픈 것 같다.

Nからして

◆代表的なものを例にあげる。
To give something representative as an example.
举一有代表性的例子。
대표적인 것을 예로 들다.

## 外国人から見ると

日本の習慣には、**外国人から見ると**妙なものもあるだろう。
（＝外国人の考えでは）
There may be some Japanese customs that seem strange from a foreigner's perspective.
在外国人看来，日本的习惯中一定有令人难以理解的。
일본 습관에는 , 외국인이 보기에 이상한 것도 있을 것이다 .

**昔の人から見ると**、現代人の生活のリズムは速すぎるかもしれない。（＝昔の人の考えでは）
People from the past would find contemporary lifestyle too fast-paced.
在以前的人看来，现代人的生活节奏可能过快了。　옛날 사람이 보기에 , 현대인의 생활 리듬은 너무 빠를 지도 모른다 .

Nから ┬ 見ると
　　　 ├ 見れば
　　　 ├ 見て
　　　 └ 見ても

OK 〈人〉から見ると

**練習Ⅰ** 正しいほうに○をつけなさい。

① この子は、笑い方（a. からいうと　b. からして）母親にそっくりだ。

② この作文は、日本語力（a. からいえば　b. からして）まだまだだが、内容はいい。

③ 象は足あと（a. から見ると　b. からして）大きい。

④ ゴルフをしない者（a. から見ると　b. からして）、何が面白いのか理解できない。

⑤ おいしいなんて言わなくても、あの食べっぷり（a. からすると　b. からには）よほどおいしいのでしょう。

**練習Ⅱ** 次の会話を読んで正しいほうに○をつけなさい。

面接官１：筆記試験の結果 ⑥(a. からして　b. からすると)、Aさんが一番ですね。
面接官２：ええ。でも、私 ⑦(a. から見ると　b. からして)、Aさんは意志が弱そうです。
面接官１：確かに面接のときの話し方 ⑧(a. から見ると　b. からして) 弱さが感じられますね。
面接官２：その点 ⑨(a. から言えば　b. からして)、Bさんのほうがよさそうです。

（答えは p.99）

**左ページ上の訳**

"I think you should dress more stylishly starting with your glasses."
" 在我看来，光说你那幅眼镜就够难看的了。"
「내가 보기에 , 너의 그 안경부터가 보기 흉하다 .」

| 95 ページの答え： | Ⅰ－ ① × 入学以上→入学する以上／入学した以上　② ○<br>③ × 決めたことからには→決めたからには　④ × 会議折に→会議の折に　⑤ ○<br>Ⅱ－ ⑥1　⑦2　⑧3 |
|---|---|

第六週

# 3日目　声の大きさにかけては

When it comes to having a loud voice
在嗓门大这一点上
목소리 크기에 있어서는

## 好きだからといって

**好きだからといって**、同じ食品ばかり食べるのはよくない。
(＝好きだという理由だけで)
Just because you like it, it's not good to eat the same food all of the time.
就算再怎么喜欢，总吃同一种东西也不好啊。 좋아한다고 해서 같은 식품만 먹는 것은 좋지 않다.

V/A/na/N普 ［からといって / からって

日本に**住んでいるからといって**、日本語がしゃべれるようにはならない。
(＝住んでいるだけでは)
Just because you live in Japan, it doesn't mean that you'll be able to speak Japanese.
就算是住在日本，日语也不一定会说啊。 일본에 살고 있다고 해서 일본어를 말할수 있게 되지는 않는다.

## 手続きしてからでないと

**手続きしてからでないと**、図書館の本は借りられない。
(＝手続きした後でないと)
Unless you follow the procedures, you can't borrow books from the library.
不办好手续，就不能借图书馆的书。 수속하고 나서가 아니면, 도서관의 책은 빌릴 수 없다.

Vてからで ［ないと～できない / なければ～できない

親の許可を**もらってからでなければ**、申し込めない。(＝もらった後でないと)
Unless you get your parents' permission, you can't apply.
不征得父母的同意，是不能报名的。 부모님의 허가를 받고 나서가 아니면 신청할 수 없다.

## 2007年から2009年にかけて

私は、**2007年から 2009年にかけて**、ロンドンに住んでいました。(＝2007年から2009年までの間)
I lived in London from 2007 to 2009.
我从2007年到2009年一直住在伦敦。 나는 2007 년부터 2009 년에 걸쳐 런던에 살고 있었습니다.

$N_1$から $N_2$に かけて
◆$N_1$・$N_2$＝時／場所

**この駅から**、**あそこの通りにかけて**、再開発されるそうです。
(＝この駅からあそこの通りまでの間が)
They are going to redevelop the space between this station and that street.
从这车站到那边的马路，据说要被重新开发。 이 역에서 저 길에 걸쳐 재개발된다고 합니다.

# 足の速さにかけては

**足の速さにかけては**、彼は町で一番だ。（＝足が速いという点では）
When it comes to running, he is the best in the town.
从跑步速度上讲，他是本地区第一。　발의 빠름에 있어서는 그는 마을에서 제일이다.

| | |
|---|---|
| Nに<br>Nの A~~い~~さに<br>Nの naさに | かけては<br>かけても |

**歌のうまさにかけては**、彼に勝てる人はいない。（＝歌がうまいという点では）
When it comes to singing, no one can win against him.
在唱歌方面，没有人能胜过他。　노래를 잘함에 있어서는 그에게 이길 사람은 없다.

## 練習Ⅰ 正しいほうに○をつけなさい。

① この花は、春から秋（a. にかけて　b. からといって）咲き続ける。

② 手を洗ってから（a. でないと　b. といって）、食べてはいけません。

③ 大変だから（a. といって　b. でないと）、あきらめないでください。

④ 値段の安さ（a. にかけて　b. にかけては）、この店が一番だ。

⑤ 楽（a. でなければ　b. だからといって）車にばかり乗っていると、運動不足になる。

## 練習Ⅱ 下の語を並べ替えて正しい文を作りなさい。＿＿に数字を書きなさい。

⑥ いくら体にいい ＿＿ ＿＿ ＿＿ ＿＿ よくない。

1　同じもの　　2　からといって　　3　食べるのは　　4　ばかり

⑦ 事実関係をしっかり認識 ＿＿ ＿＿ ＿＿ ＿＿ コメントできません。

1　その件　　2　してから　　3　については　　4　でないと

（答えは p.101）

**左ページ上の訳**

"When it comes to having a loud voice, I'm the best!"
"Just because you have a loud voice, you don't have to scream here."
" 在嗓门大这一点上，我是第一！" " 就算嗓门再大，也没有必要在这儿亮嗓子啊。"
「목소리 크기에 있어서는 내가 제일이다.」「아무리 큰 소리를 낼 수 있다고 해도, 여기서 소리지르지 않아도 되는데.」

97 ページの答え：　Ⅰ－① b　② a　③ b　④ a　⑤ a　　Ⅱ－⑥ b　⑦ a　⑧ b　⑨ a

# 4日目　行こうか行くまいか

To go or not to go
去还是不去
갈까 가지 말까

台風が来る**とか**。
それで、遊びに行こう**か**
行く**まいか**迷っている。

## 中止だ**とか**

今夜の花火大会は、雨で中止だ**とか**。（＝中止だと聞いた）
I hear that the fireworks display tonight has been cancelled because of the rain.
今晚的烟花大会，听说因雨要中止。　오늘밤의 불꽃놀이는 비때문에 중지한다고 해.

今、インフルエンザがはやっている**とか**。（＝はやっていると聞いた）
I hear that the flu has broken out.
听说现在正流行流感。　지금 인플루엔자가 유행한다고 해.

V/A/na/N普**とか**
◆「～そうだ」より「はっきりわからないが」という意味を含む。

## 二度と行く**まい**　硬

あんなひどいところ、二度と行く**まい**。（＝行かないつもりだ）
I will never go to such an awful place.
那么差的地方，我不会再去第二次的。　저런 심한 곳, 두 번 다시 가지 않겠다.

海外旅行では、絶対に買った水以外は飲む**まい**と思った。（＝飲まないつもりだ）
On overseas trips, I've decided only to drink bottled water.
我当时想：在国外旅行时，除了买的水之外，绝对不喝其他的水。
해외여행에서는 절대로 산 물 이외는 마시지 않겠다고 생각했다.

(ru-V)Vる**まい**／❗V~~ます~~**まい**
(u-V)Vる**まい**
❗する**まい**／す**まい**
来る**まい**／来**まい**
れい　決して～まい
何も～まい

## わかる**まい**　硬

彼には私の気持ちはわかる**まい**。（＝わからないだろう）
He will not understand my feelings.
他不会了解我的心情。　그로서는 나의 기분을 모를 것이다.

上級者でも、この問題はでき**まい**。（＝できないだろう）
This is a question even advanced students won't be able to answer.
就算是高级学习者，这个问题应该也不会。　상급자라도 이 문제는 할 수 없다.

(ru-V)Vる**まい**／❗V~~ます~~**まい**
(u-V)Vる**まい**
❗する**まい**／す**まい**
来る**まい**／来**まい**

もっと!　夢ではある**まいか**。（＝夢ではないだろうか）
Am I perhaps dreaming?　不会是做梦吧？　꿈은 아닐까.

## 話そうか話すまいか　硬

本当のことを**話そうか話すまいか**迷ったが、結局全部話した。（＝話すか話さないか）
I didn't know whether to tell or not, but in the end I told everything.
当时犹豫要不要讲真话，结果还是和盘托出了。
사실을 이야기할 지 말 지 망설였지만, 결국 전부 이야기했다.

食べたいけど、太りたくないし、**食べようか食べまいか**考えているところです。（＝食べるか食べないか）
I want to eat it, but I don't want to get fat. To eat or not to eat, this is a question.
倒是想吃，但是又怕发胖，所以正在考虑要不要吃。 먹고 싶지만, 살찌고 싶지는 않고, 먹을 지 말 지 생각하고 있는 중입니다.

> Vようか Vるまいか
> ❗ (ru-V) Vるまい／❗Vますまい
> (u-V) Vるまい
> くる→ こまい／くるまい
> する→ すまい／するまい

**練習Ⅰ** 下線部に注意して正しい文には○、正しくない文には × をつけなさい。

① 「社長、田中様からお電話で、少し遅れる<u>とかのことです</u>。」（　　）

② 子どもには自分と同じ苦労は<u>させまい</u>と彼女は思った。（　　）

③ 「もう<u>梅雨入りしたとか</u>。」「うん、そうだってね。」（　　）

④ 「お昼ごはん、食べに<u>行くまいか</u>。」「うん、行こう。」（　　）

⑤ パーティーに<u>行こうか行きまいか</u>考えています。（　　）

**練習Ⅱ** 次の文の（　　）に入れるのに最もよいものを、1・2・3・4から一つ選びなさい。

⑥ あの先生のようにすばらしい先生には二度と（　　　）まい。

1　出会わ　　2　出会い　　3　出会え　　4　出会お

⑦ 進学（　　　）ようか（　　　）まいか迷っている。

1　す／し　　2　し／す　　3　せ／す　　4　す／する

（答えは p.103）

**左ページ上の訳**

A typhoon is coming.  So, I don't know whether to go or not.
好象要来台风，所以我在犹豫去不去玩。
태풍이 온다던데. 그래서, 놀러 갈지 말지 망설이고 있다.

| 99ページの答え：　Ⅰ－①a　②a　③a　④b　⑤b　　Ⅱ－⑥2→1→4→3　⑦2→4→1→3 |
|---|

第六週

# ５日目　負けるに決まっている

I am bound to lose
肯定输
질 게 뻔하다

負けるに決まっている。
あきらめるよりほかない。

## 勝つに決まっている

あのチームが勝つに決まっている。（＝きっと勝つ）
That team is bound to win.
那支队伍肯定会赢。　저 팀이 이길 게 뻔하다.

彼がやったに違いない。（＝きっと彼がやったんだ）
He must have done it.　肯定是他干的。　그가 했음에 틀림없다.

彼が犯人に相違ない。（＝きっと彼が犯人だ）
He must be the offender.　他一定是凶手。　그가 범인임에 틀림없다.

V/A/na/N普に ┌決まっている
! na~~だ~~に 　　違いない
N~~だ~~に 　　└相違ない 硬

## 勝つとは限らない

相手が弱いチームであっても、必ず勝つとは限らない。（＝勝つとは決まっていない）
Just because the other team is not good, there is always the possibility of us loosing.
就算对手是弱队，也未必能取胜。　상대가 약한 팀이어도 반드시 이긴다고는 할 수 없다.

あまり使わない表現だが、必ずしもテストに出ないとは限らない。
（＝テストに出ないとは決まっていない）
It is not an expression that is used a lot, but there is the possibility of it appearing on the test.
虽然这种表达方式不常用，但考试未必不出。　그다지 사용하지 않는 표현이지만, 반드시 시험에 안나온다고는 할 수 없다.

V/A/na/N普とは限らない

## 祈るよりほかない　硬

全力をつくした。あとは祈る(より)ほかない。
（＝祈るしか方法がない）
I tried my best.  All I can do now is to pray.
竭尽全力了，剩下的只能祷告了。　전력을 다했다. 나머지는 기도하는 수 밖에 없다.

もう後には戻れない。前進する(より)ほかない。
（＝前進するしか道がない）
I can't go back now.  I have no choice but to move forward.
已经不能回头了，只能前进。　이제 뒤로는 돌아갈 수 없다. 전진하는 수 밖에 없다.

Vる　　┌ほかない
Vるより└ほかはない
（＝「～しかない」）

## 努力の結果にほかならない　硬

Nに ほかならない

合格したのは、彼の努力の結果にほかならない。
(＝努力の結果以外のものではない)
The reason why he passed is nothing but a result of his effort.
能够合格，全是他努力的结果。　합격한 것은 , 그의 노력의 결과임에 틀림없다 .

彼があなたをからかうのは、まさに愛情表現にほかならない。
(＝愛情表現以外のものではない)
The reason why he teases you is nothing but an expression of his love.
他逗你，完全是出于喜欢你。　그가 당신을 놀리는 것은 애정표현임이 틀림없다 .

**練習Ⅰ** 正しいほうに○をつけなさい。

① ほかに方法がないから、歩いて行くより（a. ほかない　b. ほかならない）。

② ドラマのヒーローは（a. 死ぬにきまっていない　b. 死なないにきまっている）。

③ いやな仕事でも、生活のために（a. やったほかない　b. やるほかなかった）。

④ 首相は何か考えがあるに（a. 相違ない　b. ほかない）。

⑤ 試験に落ちたのは、だれのせいでもなく自分の責任に（a. ほかない　b. ほかならない）。

**練習Ⅱ** 次の文の（　）に入れるのに最もよいものを、1・2・3・4から一つ選びなさい。

⑥ 自由席も満席だから、立っていく（　　）。

1　にきまっている　　2　にほかならない
3　よりほかない　　4　にちがいない

⑦ 彼が来ないのには、何か事情が（　　）に相違（　　）。

1　ある／ある　2　ない／ない　3　ある／ない　4　ない／ある

(答えはp.105)

**左ページ上の訳**

I am bound to lose. I have no choice but to give up.
肯定输。只能放弃了。
질 게 뻔하다 . 포기하는 수 밖에 없다 .

101ページの答え：　Ⅰ－① × とかのことです→とのことです　② ○　③ ○　④ × 行くまいか→行こうか
⑤ × 行こうか行きまいか→行こうか行くまいか　Ⅱ－⑥3　⑦2

# 6日目 金メダルをめぐって

Over the gold medal
围绕金牌
금메달을 둘러싸고

ロンドン**において**、
水泳の世界選手権が行われ、
ヨーロッパ各国**をはじめとする**
世界中の選手が
金メダル**をめぐって**争った。

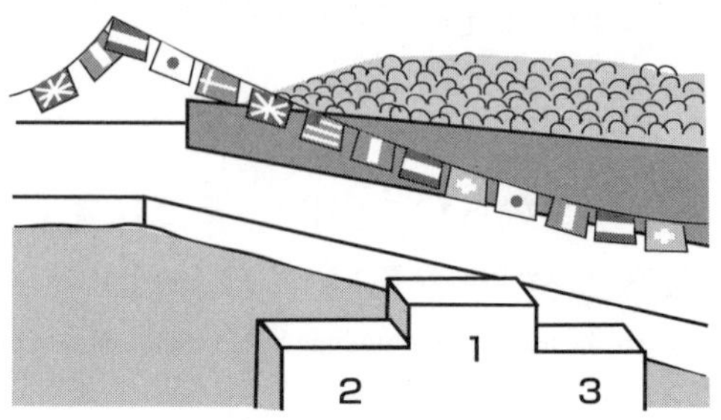


## 中国をはじめアジアの国々が

会議には**中国をはじめ**、アジアの国々が参加した。（＝まず中国、そして）
China and other Asian countries participated in the conference.
中国和亚洲的其他国家参加了会议。　회의에는 중국을 비롯한 , 아시아 여러 나라가 참가했다 .

わが国では、**野球をはじめとして**、サッカーやテニスなど、様々なスポーツがさかんである。（＝まず野球、そして）
In our country, various sports are played enthusiastically including baseball, soccer, and tennis.
以棒球为首，足球、网球等各种体育在我国都很盛行。　우리 나라에서는 야구를 비롯해 축구나 테니스등 여러가지 스포츠가 활발하다 .

> Nを
> - はじめ
> - はじめとして
> - はじめとする N

## 憲法改正をめぐって

**憲法改正をめぐって**、長い間、論争が続いている。
（＝憲法改正に関して）
Over a long time, there has been a continuing dispute over a constitutional amendment.
围绕修改宪法，长期以来争论不断。　헌법 개정을 둘러싸고 오랫동안 , 논쟁이 이어지고 있다 .

**教育制度をめぐる**諸問題について、話し合う。（＝教育制度に関する）
We discuss the problems about the educational system.
围绕教育制度中存在的各种问题，进行讨论。　교육제도를 둘러싼 제문제에 대해서 이야기하다 .

> Nを
> - めぐって
> - めぐる N
>
> れい Nをめぐる議論
> Nをめぐる対立

## 京都において　硬

**京都において**、シンポジウムが行われた。（＝京都で）
A symposium was held in Kyoto.　在京都举办了研讨会。　교토에서 심포지엄이 행해졌다 .

**国際社会における**わが国の役割を考える。（＝国際社会での）
We think about the role of our nation in the international community.
考虑在国际社会中我国的作用。　국제사회에서 있어서 우리 나라의 역할을 생각하다 .

Aさんの主張には、**その点において**疑問があります。（＝その点について）
I have a question about one of Mr. A's points.
对于 A 的主张，在那一点上有疑问。　A씨의 주장에는 그 점에 의문이 있습니다 .

> Nに
> - おいて
> - おいては
> - おいても
> - おける N
>
> ◆Nが場所・状況のときは「～で」の意味。

## 現地にて 硬

現地にて解散となります。（＝現地で）
We plan to break up on the spot.　到了地方再解散。　현지에서 해산합니다.

電話かメールにてご連絡ください。（＝電話かメールで）
Please contact me either by e-mail of phone.
请用电话或邮件联系。 전화나 메일로 연락해 주세요.

京都にて　洋子より
（＊旅先からのハガキの最後などでよく使う）
From Yoko in Kyoto　在京都 洋子（信件结尾时用）교토에서 요우코로부터

Nにて
◆お知らせや通信文などでよく使われる。
Often used in annoucements and correspondence.
经常在通知及通信中使用。
알림이나 통신문등에서 자주 사용된다.

**練習Ⅰ** 正しいほうに○をつけなさい。

① 本日10時より、体育館（a. において　b. をめぐって）入学式を行います。

② 東京（a. をはじめ　b. をめぐって）、全国の主要都市で新製品の発売が決まった。

③ 社会（a. における　b. をめぐる）男女の役割について話し合う。

④ 契約（a. をめぐる　b. において）トラブルについての相談を受け付けます。

⑤ 地球温暖化（a. をはじめて　b. をはじめとする）環境問題について研究する。

**練習Ⅱ** 次の文の（　）に入れるのに最もよいものを、1・2・3・4から一つ選びなさい。

昨日東京⑥（　）開かれた世界会議には、研究者や技術者⑦（　）、多くの人々が参加し、石油などの資源⑧（　）問題について話し合った。

| 1 をめぐる | 2 をはじめ | 3 をめぐって | 4 において |
|---|---|---|---|

（答えはp.108）

**左ページ上の訳**

The world swimming championships were held in London, and athletes from all over the world, including the European countries, fought for the gold medal.　在伦敦举行了游泳世锦赛，欧洲各国以及全世界的选手都在争夺金牌。
런던에서 수영세계선수권이 열려 유럽 각국을 비롯한세계의 선수들이 금메달을 둘러싸고 경쟁했다.

103ページの答え：　Ⅰ－①a　②b　③b　④a　⑤b　Ⅱ－⑥3　⑦3

## 第6週　やるからにはおぼえよう

## 7日目　実戦問題（じっせんもんだい）　Practice Exercise　实战问题　실전문제

制限時間（せいげんじかん）：15分（ふん）
1問（もん）4点（てん）

点数（てんすう）　／100

（答（こた）えは別冊（べっさつ）p.5）

**問題1**　次の文の（　　）に入れるのに最もよいものを、1・2・3・4から一つ選びなさい。

**1**　ご招待する（　　　）楽しいパーティーにするつもりです。

1　以来　　2　からして　　3　だとか　　4　からには

**2**　あんな失礼な人は、二度と誘う（　　　）。

1　もん　　2　まい　　3　こそ　　4　ことか

**3**　学校側（　　　）、家で起こっている問題の世話まではなかなかできない。

1　からいえば　　2　からして　　3　からといって　　4　からには

**4**　本日2時より、駅前の広場（　　　）候補（こうほ）者の演説があります。

1　にあたって　　2　に先立ち　　3　において　　4　にかけて

**5**　梅雨（つゆ）から夏（　　　）、日本は暑くて過ごしにくい。

1　以来　　2　をはじめに　　3　にかけて　　4　をめぐって

**6**　準備運動を（　　　）、泳いではいけません。

1　したからには　　2　してからでないと
3　した以上　　4　しないからといって

**7**　妹は理解が遅いが、一生懸命（けんめい）さ（　　　）だれにも負けない。

1　からには　　2　にしては　　3　からといって　　4　にかけては

**8**　共同生活をする（　　　）、規則やマナーを守らなければならない。

1　以上　　2　からといって　　3　にわたり　　4　からみると

**9**　このスープは色（　　　）辛そうだ。

1　からして　　2　をはじめとして　　3　からには　　4　にかわって

**10**　よそから来た人（　　　）、ここの習慣は受け入れがたいものなのかもしれない。

1　からには　　2　からして　　3　からみると　　4　からでないと

**11** この小説の主人公のモデルは、あの人（　　　）。

1　っぽい　　2　にすぎない　　3　かのようだ　　4　に相違ない

**12** アジア（　　　）日本の役割を考えなければならない。

1　をめぐる　　2　にかけて　　3　における　　4　に対する

**13** 本校では英語（　　　）とする７ヵ国語が学べます。

1　からして　　2　をめぐり　　3　をはじめ　　4　において

**14** 昨夜の地震は震度３だった（　　　）。

1　こと　　2　とか　　3　ことか　　4　ものだ

**15** 教えるということは、教わるということ（　　　）。

1　にほかならない　　2　よりほかない

3　になっている　　4　だけのことはある

**問題２** 次の文の＿★＿に入る最もよいものを、１・２・３・４から一つ選びなさい。

**16** 私が負けたのは事実だから、＿＿＿ ＿＿＿ ＿★＿ ＿＿＿ 。

1　ほか　　2　より　　3　認める　　4　ない

**17** 彼は書く練習もせずに、ただ漢字をじっと見ているだけだ。＿＿＿ ＿＿＿ ＿★＿ ＿＿＿ きまっている。

1　に　　2　おぼえられ　　3　ない　　4　そんなんじゃ

**18** 節約するのはよいことだ。しかし、＿＿＿ ＿＿＿ ＿★＿ ＿＿＿ 目が悪くなってしまう。

1　からといって　　2　もったいない

3　勉強したら　　4　電気をつけずに

**19** 参加は自由です。参加 ＿＿＿ ＿＿＿ ＿★＿ ＿＿＿ ありません。

1　すまいか　　2　悩むことは　　3　などと　　4　しようか

**20** 仲間が教室で自分の悪口を言っているのを ＿＿＿ ＿＿＿ ＿★＿ ＿＿＿ 学校に来なくなった。

1　以来　　2　彼は　　3　聞いて　　4　しまって

**問題3** 次の文章を読んで、[21]から[25]の中に入る最もよいものを、1・2・3・4から一つ選びなさい。

この町では4月の上旬(じゅん)から中旬[ 21 ]、チューリップ祭りが開かれます。けれども、祭りがある[ 22 ]、チューリップを育てている人が多いわけではありません。花をどこかから持ってきて[ 23 ]祭りはできないのですが、最近はこの祭りが評判を呼んで、日本一の生産量を誇(ほこ)る富山(とやま)[ 24 ]、全国各地のチューリップ産地から花が集まるようになったそうです。今では、300種類100万本とその本数の多さにかけては、全国1、2位を争うほどです。そういえば、チューリップで有名なオランダの都市と姉妹関係に[ 25 ]。この祭りにかける町の意気込みはますます強くなっていきそうです。

[21] 1 にわたって　2 にかけて　3 にあたって　4 につれて

[22] 1 からすると　2 からには　3 からして　4 からといって

[23] 1 植えた折には　2 植え以来　3 植えてからでないと　4 植える以上

[24] 1 にて　2 をめぐって　3 において　4 をはじめ

[25] 1 あるのだとか　2 あるまい　3 あるものだ　4 あってこそ

## 敬語(けいご)　ほかの人(ひと)について話(はな)す②

✤ 社長(しゃちょう)のお父様(とうさま)は90歳(さい)で元気(げんき)です。→ **お元気(げんき)でいらっしゃいます**
毎朝(まいあさ)ジョギングをしています。→ **しておいでになります／しておいでです**
水泳(すいえい)もできます。→ **おできになります**

✤ (お客様(きゃくさま)は) ①カードが使(つか)えます。→ **ご利用(りよう)になれます**　ダメ ご利用できます
(お客様(きゃくさま)は) ②色(いろ)が選(えら)べます。→ **お選(えら)びになれます**

**【問(と)い】** 正(ただ)しいものを（　）から一(ひと)つ選(えら)びなさい。(答(こた)えはp.111)

① いつでも (a. ご入会(にゅうかい)できます　b. ご入会(にゅうかい)になります　c. ご入会(にゅうかい)になれます)。

② 「先生(せんせい)、先生(せんせい)は何(なに)を (a. 研究(けんきゅう)しておりますか　b. 研究(けんきゅう)しておいでですか　c. お研究(けんきゅう)でいらっしゃいますか)。

105ページの答え：　Ⅰ－①a　②a　③a　④a　⑤b　Ⅱ－⑥4　⑦2　⑧1

# 第7週

# がんばれば おぼえられるというものだ

If you try hard enough, it is likely that you can remember

努力就能记住

열심히 하면 외울 수 있는 것이다



## 今週の表現

**一日目**

- □人目**もかまわず**
- □雨**にもかかわらず**
- □来る来ない**にかかわらず**
- □年齢**を問わず**

**二日目**

- □本**やら**ノート**やら**
- □見る**につけ**聞く**につけ**
- □行く**にしろ**行かない**にしろ**
- □勉強**も**できれ**ば**スポーツ**も**できる

**三日目**

- □薬は苦い**ものだ**
- □する**ものではない**
- □無理**というものだ**
- □行く**ものか**

**四日目**

- □東京**を中心に**
- □感謝の気持ち**をこめて**
- □友人**を通じて**
- □地図**を頼りに**

**五日目**

- □倒れたりする**恐れがある**
- □つらい**ものがある**
- □多けれ**ばいいというものでもない**
- □**どうにかならないものか**

**六日目**

- □事実**をもとに**
- □調整中**につき**
- □入学**をきっかけに**
- □受験の**際に**

# 1日目　国籍を問わず

Regardless of nationality
不分国籍
국적을 불문하고

## 人目もかまわず　《も構わず》

彼女は**人目もかまわず**子どものように泣いた。
(=人の目も気にしないで)
She cried like a child without worrying about how it would appear.
她不管别人怎么看，像个孩子似地哭了。　그녀는 남의 눈도 개의치 않고 아이처럼 울었다.

彼は靴が**脱げるのもかまわず**走り続けた。(=脱げても気にしないで)
He continued to run without caring about his shoes coming off.
他不顾鞋子掉了，不停地跑。　그는 구두가 벗겨지는 것도 개의치 않고 계속 달렸다.

> Nも
> Vるのも　]かまわず

## 雨にもかかわらず

**雨にもかかわらず**、大勢の人々が集まった。(=雨なのに)
A lot of people gathered despite the rain.
尽管下雨，还是来了许多人。　비에도 불구하고 많은 사람들이 모였다.

**見たにもかかわらず**、彼は見なかったと言った。
(=見たのに)
Though he saw, he said he didn't see.　尽管看了，他还是说没看。　봤음에도 불구하고, 그는 보지 않았다고 말했다.

> V/A普にも
> na/N普にも
> ❗ na~~だ~~にも
> N~~だ~~にも　]かかわらず

## 来る来ないにかかわらず

**来る来ないにかかわらず**、連絡をください。
(=来る場合も来ない場合も)
Please contact me regardless of whether you're coming or not.
无论来不来，都通知我。　올지 안 올지에 상관없이 연락을 주세요.

**国籍にかかわらず**、歓迎します。(=どこの国の人でも)
We welcome anyone regardless of nationality.
不分国籍，一律欢迎。　국적에 상관없이 환영합니다.

> Vる-Vないに
> Aい-Aくないに
> Nに　]かかわらず／かかわりなく
>
> れい　ある・なしにかかわらず
> 好き・嫌いにかかわらず
> 上手・下手にかかわらず
> 性別にかかわらず

# 年齢を問わず

**年齢を問わず**多くの人々が集まった。（＝年齢に関係なく）
Many people of diffrent ages gathered.
不分年龄来了许多人。　연령을 불문하고 많은 사람들이 모였다.

**経験の有無を問わず**、募集。（＝経験があってもなくても）
We are accepting applications, regardless of experience.
招聘人才，无论经验有无。　경험의 유무를 불문하고 모집.

もっと！ **性別は問いません**。（＝男でも女でもかまいません）
Regardless of gender.　不分性别。　성별은 불문합니다.

Nを問わず

れい 男女を問わず／性別を問わず
～の有無を問わず
国の内外を問わず
季節を問わず
昼夜を問わず

## 練習Ⅰ 正しいほうに○をつけなさい。

① 男女（a. を問わず　b. もかまわず）、能力のある人を採用します。

② お忙しいにも（a. かまわず　b. かかわらず）、来てくださってありがとうございます。

③ 雨にぬれるのも（a. かまわず　b. かかわらず）歩き続けた。

④ 合否（a. に　b. にも）かかわらず、結果はお知らせします。

⑤ 京都は季節（a. を問わず　b. にもかかわらず）美しい景色が楽しめます。

## 練習Ⅱ 下の語を並べ替えて正しい文を作りなさい。＿＿に数字を書きなさい。

⑥ 本当のことを ＿＿ ＿＿ ＿＿ ＿＿ もらえなかった。

1　信じて　　2　かかわらず　　3　にも　　4　言った

⑦ まわりの人たちに ＿＿ ＿＿ ＿＿ ＿＿ 歌い続けた。

1　のも　　2　聞こえる　　3　歌を　　4　かまわず

（答えは p.113）

左ページ上の訳

"We thank everyone for coming despite the unpleasant weather, and are glad to see a variety of nationalities present."
" 今天尽管天公不作美，但还是来了许多各国人士，深表感谢。"
「오늘은 공교로운 날씨에도 불구하고, 국적을 불문하고 많은 분들이 모여주셔서, 감사합니다.」

108 ページの答え：　①c　②b

# 2日目　クッキーもあればケーキもある

There are cookies and cakes　既有饼干又有蛋糕　쿠키도 있지만 케이크도 있다

## 本やらノートやら

机の上は**本やらノートやら**でいっぱいだ。（＝本やノートやいろいろ）
The desk is covered with books, notebooks and so on.
桌子上满是书、笔记本之类的东西。　책상 위는 책이며 노트 등으로 가득하다．

この季節は、**目がかゆいやら鼻水が出るやら**、大変です。
（＝目がかゆいし、鼻水が出るし、ほかにもいろいろ）
My itchy eyes and runny nose, for example, make this season hard for me.
现在这个季节不是眼睛痒就是流鼻涕，非常难受。　이 계절은 눈도 가렵고 콧물도 나고 해서 괴롭습니다．

> 【aやらbやら】
> Nやら
> A/na/V(普) やら

## 見るにつけ聞くにつけ

**写真を見るにつけ（、歌を聞くにつけ）**、国を思い出す。
（＝写真を見ても（、歌を聞いても））
Photos (and songs) from my country make me nostalgic.
一看照片（一听歌），就想起老家。　사진을 보아도，( 노래를 들어도)，고국이 생각난다．

**いいにつけ悪いにつけ**、子は親に似る。（＝よくても悪くても）
Children learn good and bad habits from their parents.
不管是好还是坏，孩子都像父母。　좋든 나쁘든 아이는 부모를 닮는다．

もっと！　何かにつけ（＝何かあるたびに）

> 【aにつけ（bにつけ）】
> Vるに ┐
> Aいに ┘ つけ

## 行くにしろ行かないにしろ

**行くにしろ行かないにしろ**、連絡してください。
（＝行く場合も行かない場合も）
Please contact me regardless of whether you're going or not.
不管是去还是不去，请通知一声。　가든 안 가든 연락해 주세요．

**受験はしないにしろ**、勉強はしなさい。（＝受験しない場合でも）
Study regardless of whether you take the entrance examinations.
就是不参加升学考试，也要学习。　시험을 보지 않더라도 공부는 하세요．

> 【aにしろ（bにしろ）】
> 【aにせよ（bにせよ）】
> V/A/na/N(普)に ┐しろ
> ❗ na~~だ~~に／N~~だ~~に ┘せよ

## 勉強もできればスポーツもできる

**彼は勉強もできればスポーツもできる。**
（＝勉強もできるし、スポーツもできる）
He is outstanding, academically and in sports.
他不仅学习好，体育也好。　그는 공부도 잘 하고 스포츠도 잘한다.

**私は歌も下手ならダンスも下手だ。**
（＝歌も下手だし、ダンスも下手だ）
I am bad at singing and at dancing.
我既不善唱歌也不善跳舞。　그는 노래도 못하고 춤도 못 춘다.

$N_1$も Vば $N_2$も Vる
$N_1$も Aければ $N_2$も Aい
$N_1$も naなら $N_2$も naだ
$N_1$も Nなら $N_2$も Nだ

れい $N_1$もすれば$N_2$もする
$N_1$もよければ$N_2$もいい
$N_1$も上手なら$N_2$も上手だ
$N_1$も休みなら$N_2$も休みだ

**練習Ⅰ**（　　）には同じ言葉が入ります。正しいほうに○をつけなさい。

① 今日は、銀行（　　）郵便局（　　）、あちこちに用事がある。（a. やら　b. つけ）。

② この町にはデパート（　　）なければ大型スーパー（　　）ない。（a. も　b. やら）

③うれしいに（　　）悲しいに（　　）、この曲を聞きます。（a. も　b. つけ）

④ 時間があるに（　　）ないに（　　）、今日中にやらなければならない。（a. しろ　b. つけ）

⑤ 人前で転んで、痛い（　　）恥ずかしい（　　）、大変でした。（a. しろ　b. やら）

**練習Ⅱ** 下の語を並べ替えて正しい文を作りなさい。＿＿に数字を書きなさい。

⑥ 高い ＿＿ ＿＿ ＿＿ ＿＿ ならない。

1　必要なら　　2　安いにしろ　　3　買わなければ　　4　にしろ

⑦ 大家さんには ＿＿ ＿＿ ＿＿ ＿＿ に なっている。

1　つけ　　2　何か　　3　お世話　　4　に

（答えは p.115）

**左ページ上の訳**

"There are so many sweets like chocolate and candy!" "There are also cookies and cakes."
"巧克力呀、糖呀，吃的应有尽有！""既有饼干又有蛋糕！"
「초콜릿이랑 사탕이랑 과자가 가득!」「쿠키도 있고 케이크도 있어!」

111ページの答え：　Ⅰ－①a　②b　③a　④a　⑤a　　Ⅱ－⑥4→3→2→1　⑦2→1→4→3

# 3日目　勉強するものだ

Ought to study
就应该学习
공부해야 돼

## 薬は苦いものだ

❶ 薬は苦い**ものだ**。（＝苦いのが普通だ）
Medicine is meant to be bitter.　药都是苦的。　약은 쓴 법이다.

❷ あなたの国へ行ってみたい**ものだ**。（＝行ってみたいなあ）
I wish I could go to your country.
真想去你的国家看看啊!　당신 나라에 가 보고 싶다.

娘には私と同じ仕事はしてほしくない**ものだ**。
（＝してほしくないなあ）
I do not want my daughter doing the same work as mine.
不想让我的女儿和我做一样的工作。　딸에게는 나와 같은 일은 하게 하고 싶지 않다.

❶ Vる/Vない　A い/Aくない　naな/naじゃない ］ **ものだ** / **もんだ**
◆一般的傾向　A general trend　一般倾向　일반적 경향

❷ Vたい/Vたくない　Vてほしい/ほしくない ］ **ものだ** / **もんだ**
◆希望　Hope　希望　희망

## するものではない

目上の人にそんな言い方をする**ものではない**。
（＝すべきではない ☞p. 70）
You shouldn't speak like that to someone superior.
不能对长辈那样说话。　윗사람에게 그런 말투를 쓰는 것이 아니다.

口の中にものを入れたまましゃべる**ものではない**。（＝しゃべるべきではない ☞p. 70）
You shouldn't speak with your mouth full.
嘴里有东西时，不要说话。　입 속에 뭔가를 넣은 채 말하는 것이 아니다.

Vる ［ **ものではない** / **もんじゃない**
◆アドバイス　Advice　建议　충고

## 無理というものだ

今日中にこれを全部終わらせるのは無理**というものだ**。
（＝普通に考えれば無理だ）
It is impossible to finish this all today.
今天之内要完成这些是不可能的。　오늘 중으로 이것을 전부 끝내는 것은 무리다.

夜中に電話をしてくるのは非常識**というものだ**。（＝普通に考えれば常識がない）
It is unreasonable to call at midnight.
半夜打电话过来是违反常理的。　한밤중에 전화를 해 오는 것은 비상식적이다.

Vる　na　N ］ **というものだ** / **というもんだ**

## 行く(い)ものか

あんな店(みせ)、二度(にど)と行(い)く**ものか**。(=絶対(ぜったい)に行(い)かない)
I would never go back to that terrible store (again).
那种店，才不会再去第二次了呢。 저런 가게 , 두 번 다시 갈까 보냐 !

元気(げんき)な**もんか**。くたくただよ。(=少(すこ)しも元気(げんき)じゃない)
I don't feel good at all. I'm exhausted. 好什么好！ 都快累死了。 힘이 있을 리 있어? 녹초가 됐다구 .

うれしい**もんですか**。困(こま)っているんです。(=少(すこ)しもうれしくないです)
I'm not at all pleased. I am not in a good situation.
高兴什么呀。正在发愁呢。 기쁠 리가 있겠습니까 . 곤란하다구요 .

Vる / Aい / naな / Nな ＋ **ものか** / **もんか** / **ものですか** / **もんですか**

◆強(つよ)い否定(ひてい)

れい 決(けっ)して〜**ものか**
絶対(ぜったい)〜**ものか**
何(なに)も〜**ものか**

**練習Ⅰ** 正(ただ)しいほうに○をつけなさい。

① 砂糖(さとう)は甘(あま)い (a. ものだ　b. ものではない)。

② 1日(にち)に20時間(じかん)も勉強(べんきょう)するのは無理(むり) (a. なものだ　b. というものだ)。

③ 借(か)りた本(ほん)に書(か)き込(こ)みをする (a. ものではない　b. というものだ)。

④ 一度(いちど)でいいから、あんな生活(せいかつ)をしてみたい (a. ものだ　b. ものではない)。

⑤「日本語(にほんご)が上手(じょうず)ですね。」「(a. 上手(じょうず)　b. 上手(じょうず)な) もんですか。」

**練習Ⅱ** 次(つぎ)の文(ぶん)の (　　) に入(い)れるのに最(もっと)もよいものを、1・2・3・4から一(ひと)つ選(えら)びなさい。

⑥「寝(ね)る前(まえ)にお茶(ちゃ)やコーヒーを (　　　) ものではないよ。眠(ねむ)れなくなるよ。」

1 飲(の)む　2 飲(の)まない　3 飲(の)まなかった　4 飲(の)んだ

⑦「今日(きょう)頼(たの)んで、今日(きょう)届(とど)けさせるのは (　　　) ものです。」「いえ、それができるんです。」

1 不可能(ふかのう)　2 不可能(ふかのう)という　3 不可能(ふかのう)の　4 不可能(ふかのう)だ

⑧ あんな失礼(しつれい)な人(ひと)とは二度(にど)と (　　　) ものですか。

1 話(はな)す　2 話(はな)した　3 話(はな)そう　4 話(はな)さない

(答(こた)えはp.117)

**左ページ上の訳**

"Students ought to study. You shouldn't be working part-time too much."
" 学生就应该学习。不能光打工。"
「학생은 공부해야 돼 . 아르바이트만 하면 안 돼 .」

113ページの答え： Ⅰ−①a ②a ③b ④a ⑤b　Ⅱ−⑥4→2→1→3 ⑦2→4→1→3

第七週

# ４日目　心をこめて

With one's heart
衷心地
마음을 담아

## 東京を中心に

**東京を中心に**関東地方は台風の影響で風が強くなっています。
（＝特に東京、そして）
In the Kanto Region, especially the Tokyo area, the winds are strong because of a typhoon.
以东京为中心的关东地区受台风影响风力变大。
도쿄를 중심으로 관동지방은 태풍의 영향으로 바람이 강해지고 있습니다.

この店は**スキー用品を中心とした**スポーツ専門店です。
（＝スキー用品を主とした ☞p. 39）
This sports store sells mainly ski equipment.
这家店是以滑雪用品为主的体育用品店。　이 가게는 스키용품을 중심으로 한 스포츠 전문점입니다.

Nを
- 中心に
- 中心にして
- 中心にした N
- 中心として
- 中心とした N

## 感謝の気持ちをこめて　《込めて》

感謝の**気持ちをこめて**編んだマフラーです。（＝気持ちを入れて）
This is a scarf that I wove as a sigh of my gratitude.
带着感激之情编的围巾。　감사의 마음을 담아 짠 머플러입니다.

**愛をこめて**カードを贈る。（＝愛といっしょに）
Send a card with love.　衷心地送上一张卡片。　사랑을 담아 카드를 보내다.

もっと！　心をこめる→心がこもる→心**のこもった**手紙

Nを こめて

れい
- 思いをこめて
- 恨みをこめて
- 感謝をこめて
- 祈りをこめて
- 願いをこめて

## 友人を通じて

**友人を通じて**彼と知り合った。（＝友人を通して／友人によって）
I met him through a friend.　通过朋友，和他认识。　친구를 통해 그와 알게 되었다.

テレビの**ニュースを通じて**その事件を知った。（＝ニュースを通して／ニュースによって）
I knew the incident through the news on television.　通过电视新闻知道了这一事件。　텔레비전 뉴스를 통해 그 사건을 알았다.

ここでは**一年を通じて**美しい花が見られます。（＝一年を通して／一年中）
You can see beautiful flowers all year round here.
这里全年都能看到美丽的花。　여기에서는 1 년에 걸쳐서 아름다운 꽃을 볼 수 있습니다.

Nを
- 通じて
- 通して

## 地図を頼りに

**地図を頼りに**、友達に教えてもらったレストランに行った。
(＝地図に助けられて)
I went to the restaurant that my friend recommended to me with the help of a map.
依靠地图，去了朋友告诉我的饭店。 지도를 의지해 친구가 가르쳐 준 레스토랑에 갔다.

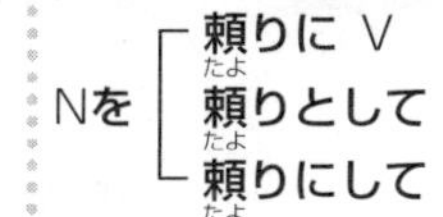


祖父は**つえを頼りにして**歩いている。(＝つえに助けられて)
My grandfather walks with the help of a cane.
祖父靠着拐杖走路。 조부는 지팡이를 의지해 걷고 있다.

**練習Ⅰ** 正しいほうに（どちらも正しい場合は両方に）○をつけなさい。

① インターネットを（a. 通じて　b. 中心に）世界中の人々と友達になる。

② 文法を（a. 中心に　b. 中心とした）勉強したい。

③ 平和への祈りを（a. こめて　b. 通じて）歌を歌う。

④ この町では一年を（a. 通じて　b. 通して）様々な行事が行われる。

⑤ この会は中村さんを（a. 中心に　b. 中心とした）ボランティアグループです。

**練習Ⅱ** 下の語を並べ替えて正しい文を作りなさい。＿＿に数字を書きなさい。

⑥ 入院中、友達が ＿＿ ＿＿ ＿＿ ＿＿ 勉強した。

1　ノートを　　2　書いてくれた　　3　たよりに　　4　授業の

⑦ 大学受験の日、息子が合格 ＿＿ ＿＿ ＿＿ ＿＿ お弁当を作った。

1　ようにと　　2　こめて　　3　します　　4　願いを

(答えは p.119)

左ページ上の訳

"We put our heart and soul into growing them." ── Let's make vegetables a central part of our diet.
" 这是我精心做的。" ── 饮食生活要以蔬菜为主啊！
「마음을 담아 만들었습니다.」 ── 야채를 중심으로 한 식생활을 합시다！

| 115ページの答え：　Ⅰ－①a　②b　③a　④a　⑤b　Ⅱ－⑥1　⑦2　⑧1 |
|---|

# 第７週　がんばればおぼえられるというものだ

## 5日目　すばらしい**ものがある**

There is something wonderful
有精彩之处
대단한 점이 있다

この作品には
すばらしい**ものがある**が
理解されない**恐れがある**。

### 倒れたりする**恐れがある**　硬

地震の際 (☞p. 121) には、窓ガラスが割れたり壁が倒れたりする**恐れがある**。(=倒れたりする心配がある)
In an event of an earthquake, there is a risk that the windows will break or that the walls will collapse.
一旦地震，恐怕会发生窗户玻璃粉碎，墙壁坍塌的情况。　지진이 났을 때에는 창문이 깨지거나 벽이 무너질 우려가 있다.

Vる ／ Nの ］**恐れが ある**

台風 19 号は今夜、四国に上陸の**恐れがあります**。(= 上陸する心配がある)
Typhoon no. 19 is threatening Shikoku tonight.
19 号台风今夜可能登陆四国地区。　태풍 19 호는 오늘 밤, 시코쿠에 상륙할 우려가 있습니다.

### つらい**ものがある**　硬

満員電車で毎日通勤するのはつらい**ものがある**。(=つらく感じられる)
It is hard commuting on a packed train everyday.
每天坐拥挤的电车上班，苦不堪言。　만원전차로 매일 통근하는 것은 힘든 점이 있다.

Vる ／ Aい ／ naな ］**ものが ある**

彼の歌には心にひびく**ものがある**。(=ひびくように感じられる)
His songs are very touching.　他的歌声中有触动心灵深处的成分。　그의 노래에는 마음을 울리는 것이 있다.

### 多けれ**ば**いい**というものでもない**　硬

何でも多けれ**ば**いい**というものでもない**。
(=多ければいいとは言えない)
Not everything is good in excess.
并不是什么都是越多越好。　아무거나 많으면 좋다고 할 수만도 없다.

Vば ／ Aければ ／ naなら ／ Nなら ］ Aい**という** ／ na(だ)**という** ／ N(だ)**という** ］ **ものでも ない** ／ **ものでは ない**

お金があれ**ば**幸せだ**というものでもない**。(=あれば幸せだとは言えない)
Just because you have money, it does not mean that you are happy.
并不是有钱就幸福。　돈이 있으면 행복하다고 할 수있는 것도 없다.

## どうにかならないものか　硬

最近、変なメールがたくさん来る。**どうにかならないものか**。（＝どうにかなるだろうか、どうにかしたい）

I get a lot of weird e-mails these days. I wish I could do something about it.
最近收到许多奇怪的邮件。有什么解决办法吗。
최근 , 이상한 메일이 많이 온다 . 어떻게 안되는 것인가 .

デジカメが壊れた。**（なんとか）直らないものだろうか**。（＝なんとか直るだろうか、直ってほしい）

My digital camera is not working. I wish I knew how to fix the problem.
数码相机坏了。难道没办法修吗？　디지털 카메라가 고장났다 . 어떻게 고쳐지지 않는 것인가 .

（どうにか）
（なんとか）
（もう少し）
Vないもの（だろう）か
Vれないもの（だろう）か

れい　（もう少し）上手にできないものか
（どうにか）直せないものか
（なんとか）できないものか

**練習Ⅰ** 正しいほうに○をつけなさい。

① 日本人なら日本語がわかるという（a. ものがある　b. ものでもない）。

② 彼の作品には人を引きつける（a. ものがある　b. おそれがある）。

③ 値段が高ければ良い品物だという（a. ものだ　b. ものでもない）。

④ 子どもの質問には時々（a. 考えられる　b. 考えさせられる）ものがある。

⑤この大雨で各地に被害の出る（a. おそれ　b. もの）があります。

**練習Ⅱ** 次の文章の（　　）に入れるのに最もよいものを、1・2・3・4から一つ選びなさい。

外国語学習は簡単ではなく、奥が深い ⑥（　　　）。文法は重要だが、文法ができればよいという ⑦（　　　）。文法的には正しくても文化的に正しくない表現を使えば、相手に誤解されてしまう ⑧（　　　）。

| 1 ものか | 2 ものがある | 3 ものでもない | 4 おそれがある |
|---|---|---|---|

（答えは p.121）

**左ページ上の訳**

“There is something wonderful about this piece, but it may not be understood.”
" 这部作品有可取之处，但恐怕难以被人理解。"
「이 작품에는 대단한 점이 있지만 , 이해되지 못할 우려가 있다 .」

117 ページの答え：Ⅰ－①a　②a　③a　④ab　⑤b　Ⅱ－⑥2→4→1→3　⑦3→1→4→2

# 6日目　失敗をもとに

Through failure
以失败为起点
실패를 기초로

失敗をもとに人は成長し、
失敗をきっかけに
新しい発見や発明が
生まれる。

## 事実をもとに

この小説は事実をもとに書かれた。（＝事実に基づいて ☞ p.88）
This novel is based on fact.
这部小说是根据事实写出来的。 이 소설은 사실을 기초로 쓰였다.

失敗をもとにして発明する。（＝失敗から）
An invention results from failure. 在失败的基础上进行发明。 실패를 기초로 해서 발명하다.

Nを ［ もとに / もとにして

## 調整中につき　硬

この機械はただ今調整中につき、ご使用になれません。
（＝調整中のため）
This machine is currently unavailable due to maintenance.
本机正在检修，不能使用。 이 기계는 지금 조정중이므로, 사용하실 수 없습니다.

本日は祭日につき、休業させていただきます。（＝祭日なので）
Due to the holiday, we are closed today.
因今天是节假日，不营业。 오늘은 축일이므로, 휴업합니다.

Nに つき

◆書面や改まった場面でよく使われる
Often used in writing and formal situations.
经常用于书面及正式的场合。
서면이나 격식을 차린 장면에서 자주 사용된다.

## 入学をきっかけに

大学入学をきっかけに引っ越す。（＝大学入学の機会に）
Because I'll be going to university, I will move.
因上大学了，所以搬家。 대학 입학을 계기로 이사하다.

病気をきっかけに酒をやめた。（＝病気をしたので、そのときから）
As a result of an illness, I stopped drinking.
因为生病了，所以戒了酒。 병을 계기로 술을 끊었다.

卒業を契機に独立する。（＝卒業の機会に）
I'll take the opportunity of graduating from university to become independent.
以从学校毕业为契机，开始独立创业。 졸업을 계기로 독립하다.

昨年の事故を契機として、安全対策が強化された。（＝昨年事故があったので、そのときから）
As a result of last year's accident, safety measures were strengthened.
从去年的事故之后，就加强了安全防范措施。 작년의 사고를 계기로 해서 안전 대책이 강화되었다.

Nを / Vるのを / Vたのを ［ きっかけに / きっかけとして / きっかけにして / 契機に硬 / 契機として硬 / 契機にして硬

## 受験の際に　硬

受験の際に、写真が必要です。（＝受験のときに）
A photo is required when you come to take the examination.
考试时，需要照片。　수험 때에 , 사진이 필요합니다 .

申し込んだ際、住所を間違って書いてしまった。
（＝申し込んだとき）
I wrote a wrong address when I applied.
报名时，把住址写错了。　신청했을 때에 , 주소를 잘못 써 버렸다 .

Nの／V普 ―際に／際

◆「とき」「〜にあたり」（☞p.72）の硬い表現

れい　〜する際／お申し込みの際
お帰りの際／お降りの際

**練習Ⅰ**　正しいほうに○をつけなさい。

① （a. 失敗のきっかけに　b. 失敗をもとに）、すばらしい発明が生まれることも多い。

② その事件（a. の契機に　b. をきっかけに）、商品の検査体制が見直された。

③ 出産（a. を契機として　b. をもとにして）、生き方を考え直した。

④ この映画は、実際にあった話（a. にもとにして　b. をもとに）作られた。

⑤ 車を運転する（a. 最中　b. 際）には免許証が必要だ。

**練習Ⅱ**　下の語を並べ替えて正しい文を作りなさい。＿＿に数字を書きなさい。

⑥ ＿＿　＿＿　＿＿　＿＿ ご注意ください。

1　お忘れ物の　　2　お帰りの　　3　ないよう　　4　際には

⑦ 工事中 ＿＿　＿＿　＿＿　＿＿ となっております。

1　この先　　2　片側通行　　3　つき　　4　に

（答えは p.124）

第七週

**左ページ上の訳**

Humans grow from failure, and make new discoveries and inventions through failure.
人会以失败为起点成长起来的，以失败为契机，会有新发明和新发现。
실패를 기초로 사람은 성장하고 , 실패를 계기로 새로운 발견이나 발명이 탄생한다 .

| 119ページの答え：　Ⅰ－①b　②a　③b　④b　⑤a　　Ⅱ－⑥2　⑦3　⑧4 |
|---|

点数 ／100

# ７日目　実戦問題 Practice Exercise 实战问题 실전문제

制限時間：15分
1問4点

（答えは別冊 p.5 ～ 6）

**問題１** 次の文の（　　）に入れるのに最も よいものを、１・２・３・４から一つ選びなさい。

**1** 買う＿＿＿借りる＿＿＿、テキストを必ず持参すること。

1　にしろ／にしろ　　2　やら／やら
3　も／も　　4　し／し

**2** 入院＿＿＿＿、保険に入った。

1　を契機として　　2　をもとにして　　3　もかまわず　　4　にもかかわらず

**3** 心の＿＿＿＿贈り物をもらうとうれしいものだ。

1　めぐった　　2　こもった　　3　通じた　　4　通した

**4** 彼女は耳も＿＿＿＿目も見えなかった。

1　聞こえないと　　2　聞こえなくて　　3　聞こえなければ　　4　聞こえても

**5** 服が汚れるの＿＿＿＿、彼はけがをした人を抱きかかえた。

1　を問わず　　2　につけ　　3　もかまわず　　4　にしろ

**6** そのピアニストは、国の内外を＿＿＿＿活躍している。

1　問わず　　2　中心に　　3　通して　　4　契機に

**7** ボランティア活動＿＿＿＿社会に貢献する。

1　に関して　　2　を通じて　　3　に応じて　　4　に先立って

**8** きょうは雷が鳴る＿＿＿地震が起きる＿＿＿、なんだか普通じゃない。

1　にしろ／にしろ　　2　につけ／につけ
3　やら／やら　　4　も／も

**9** 人は無いものを欲しがる＿＿＿＿。

1　ことか　　2　ものだ　　3　ことはない　　4　ものがある

**10** この服を着る＿＿＿＿、母を思い出す。

1　やら　　2　につき　　3　につけ　　4　にそって

**11** その病気は動物から人間にうつる＿＿＿＿がある。

1 契機（けいき）　2 恐れ　3 気味　4 向き

**12** 体にいいからといって、たくさん食べればいい＿＿＿＿。

1 わけがある　2 わけだ
3 次第だ　4 というものでもない

**13** この町には心をなごませる＿＿＿＿。

1 ものだ　2 ものか　3 ものがある　4 ものではない

**14** この問題集は、実際の授業で使った教材を＿＿＿＿作られている。

1 もとにして　2 問わず　3 こめて　4 きっかけにして

**15** インターネットでご予約の＿＿＿＿には、パスワードが必要となります。

1 最中　2 際　3 たび　4 かわり

**問題2** 次の文の＿★＿に入る最もよいものを、1・2・3・4から一つ選びなさい。

**16** 彼らが理解できるわけがない。＿＿＿ ＿＿＿ ＿★＿ ＿＿＿ だ。

1 無駄（むだ）　2 もの　3 時間の　4 という

**17** 人の ＿＿＿ ＿＿＿ ＿★＿ ＿＿＿ ではない。

1 嫌がる　2 する　3 ことを　4 もの

**18** 通信販売のカタログなどがよく届く。＿＿＿ ＿＿＿ ＿★＿ ＿＿＿ のだ。

1 にかかわらず　2 しない　3 希望する　4 送られてくる

**19** 彼に本を貸したら ＿＿＿ ＿＿＿ ＿★＿ ＿＿＿

1 貸すものか。　2 返ってきた。　3 もう絶対に　4 汚くなって

**20** たばこが ＿＿＿ ＿＿＿ ＿★＿ ＿＿＿ したが、失敗した。

1 きっかけに　2 値上がりした　3 やめようと　4 のを

**問題3** 次の文章を読んで、[21]から[25]の中に入る最もよいものを、1・2・3・4から一つ選びなさい。

重い心臓病で、このままでは長く生きられないと診断されたＡちゃん（生後８ヵ月）を救うための募金活動が、両親の友人[ 21 ]始まった。海外では[ 22 ]手術が受けられる国もあるが、現在の日本では受けられない事情がある。しかし、海外で手術を受けるためには多額の費用がかかる。両親は「普通のサラリーマン家庭では、とても支払える金額ではありません。国はこの現状をどうにかできない[ 23 ]。」と涙ながらに訴えた。その様子を見た人々からテレビやインターネット[ 24 ]、募金や心[ 25 ]応援の言葉が集まっているのである。

[21] 1 をきっかけに　2 をもとに　3 を中心に　4 をめぐって

[22] 1 年齢を問わず　2 年齢にもかかわらず
3 年齢を頼りに　4 年齢をこめて

[23] 1 というものでしょう　2 ものがあります
3 というものでもありません　4 ものでしょうか

[24] 1 につき　2 を問わず　3 を通じて　4 の際に

[25] 1 のこもった　2 もかまわず　3 やら　4 にしろ

## 敬語　お願いする

✤ 受付まで来てください → **お越しください／おいでください**
✤ 意見を聞きたいので、お願いします → **ご意見承りたく、お願い申し上げます**

**【問い】** 正しいものを（　）から一つ選びなさい。（答えはp.127）

中野から ①（a. 参りました　b. いらっしゃる　c. お越しの）竹田様、
②（a. おりましたら　b. いらっしゃいましたら　c. ございましたら）1階案内所まで
③（a. おいでください　b. いらっしゃいませ　c. 来てお願いします）。

121ページの答え：Ⅰ－①b ②b ③a ④b ⑤b　Ⅱ－⑥2→4→1→3 ⑦4→3→1→2

# 第8週
だい しゅう

# むずかしい。それでもおぼえよう。

It is difficult, but I will memorize it.

太难了。不过还是记住吧。

어렵다 . 그래도 외우자 .

## 今週の表現
こんしゅう ひょうげん

**一日目**

□高かった。**それなのに**すぐ壊れた。

□大雨だ。**それでも**出かける。

□渋滞だとか。**それなら**電車で行こう。

□働きすぎた。**それで**病気になった。

**二日目**

□**それが**まだなんです。

□渋滞するらしい。**そこで**早く出発したい。

□**そういえば**田中君、元気？

□**それはそうと**試験はいつだっけ？

**三日目**

□母の兄、**すなわち**おじさん

□ファックス**あるいは**メールで

□貧しい。**だが**幸せだ。

□怒ってる。**だって**約束を破ったから。

**四日目**

□まだ来ない。**ということは**欠席だ。

□外出できない。**というのは**父の具合が悪いんです。

□彼はまじめだ。**したがって**信頼されている。

□３割引。**ただし**この棚の商品を除く。

**五日目**

□飲食禁止。**もっとも**水はかまいません。

□以上です。**なお**詳細は…

□終わります。**さて**来週は…

□薬を塗った。**すると**痛みが治まった。

**六日目**

□大敗した。**要するに**力の差があった。

□美人だ。**しかも**性格もいい。

□高いし、まずい。**おまけに**サービスも…。

□一般に…。**ちなみに**うちにも…。

# １日目　それなのに…

But ...
尽管如此 ...
그런데 ...

歌のレッスンも受けているし、毎日練習している。**それなのに、**全然うまくならない……

## 高かった。**それなのに**すぐ壊れた。

この時計は高かった。**それなのに**すぐに壊れた。
（＝高かったのに）
This watch was expensive and yet it stopped working right after I bought it.
这表很贵。可是马上就坏了。 이 시계는 비쌌다. 그런데 금방 고장났다.

a〈事実〉。**それなのに** b〈予想外の結果〉。
（＝ところが）

一生懸命勉強している。**それなのに**成績はよくならない。（＝勉強しているのに）
I am studying very hard, but my grades have not improved.
拼命学习。尽管如此，成绩没有提高。 열심히 공부하고 있다. 그런데 성적은 좋아지지 않는다.

## 大雨だ。**それでも**出かける。

外は大雨だ。**それでも**出かけないといけない。（＝大雨だが）
It is raining very hard but I have to go out.
外面下大雨。但还要出去。 밖은 큰 비가 온다. 그래도 나가지 않으면 안 된다.

a〈状況〉。**それでも** b〈a に反する意見・結果〉。
（＝だけど／けれども／しかし）

みんなに反対されている。**それでも**私は彼と結婚したい。
（＝反対されているけれども）
Although everyone is against me, I still want to merry him.
大家都反对，即便如此，我还是想和他结婚。 모두가 반대하고 있다. 그래도 나는 그와 결혼 하고 싶다.

## 渋滞だとか。**それなら**電車で行こう。

「道がすごく渋滞しているようだよ。」
「**それなら**、電車で行こう。」（＝渋滞しているなら）
"The traffic looks bad." "Well then let's go by train."
"好像堵车特别厉害。" "如果是这样，那就坐电车吧。"
「길이 무척 정체되어 있는 것 같아.」「그러면, 전차로 가자.」

「a。」「**それなら（ば）** b〈a に基づく判断・意見〉。」
（＝じゃ（あ）／それじゃ（あ））

「今、それ、やりたくない。」「**それなら**やらなくていいよ。」（＝やりたくないなら）
"I don't want to do that right now." "Well then don't do it."
"现在不想做这个。" "既然如此，不做也可以。" 「지금, 그것 하고 싶지 않아.」「그러면 하지 않아도 돼.」

# 働きすぎた。**それで**病気になった。

❶ 父は働きすぎた。**それで** 病気になった。（＝働きすぎたために）
My dad worked so hard he became ill.
父亲工作过度。所以生病了。 아버지는 너무 일을 한다．그래서，병이 걸렸다．

「田中君、インフルエンザにかかったんだって。」
「**それで**学校を休んだんだね。」（＝インフルエンザにかかったから）
"I heard Mr.Tanaka has got the flu." "I guess that is why he didn't come to school."
"听说田中患流感了。""怪不得他没来学校。"「다나카군，인플루엔자에 걸렸대．」「그래서 학교를 쉬었구나．」

> ❶ a〈理由〉。**それで** b〈結果〉。
> （＝だから／そのために）

❷「田中君にお金を貸してくれって言われたんだ。」
「へえー。**それで**、貸してあげたの？」（＝それからどうした？）
"Tanaka-kun asked me if I would lend him some money." "Well did you?"
"田中让我借钱给他。""哎？所以你就借给他了？"
「다나카군에게 돈을 빌려달라는 말을 들었다．」「그래．그래서 빌려줬어？」

「今日、面接を受けたんだ。」
「**で**、どうだった？」（＝その結果は？）
"I had an interview today." "How was it?" "今天参加了个面试。""那，结果怎么样？" " 오늘，면접을 봤어．" " 그래，어땠어？"

> ❷「a。」「**それで／で**💬 b〈aの結果をたずねる〉」
> ◆相手の話を聞き出すときに使う。
> Used to get the other person to talk about something.
> 询问对方。상대의 이야기를 캐내다．

**練習Ⅰ** 正しいほうに○をつけなさい。

① 「学校は春休みになったね。」
「(a. それで　b. それでも) 電車の混み具合がいつもよりましなんだね。」

② 毎日節約している。(a. それで　b. それなのに)、お金がちっともたまらない。

③ あの大学は絶対無理だと言われた。(a. それでも　b. それなら) 僕は受けるつもりだ。

④ 「本は好きだから買いたいけど、高いし、増え続けて邪魔だし……。」
「(a. それなら　b. それでも) 図書館で借りたらいいじゃないですか。」

**練習Ⅱ** 下の語を並べ替えて正しい文を作りなさい。＿＿に数字を書きなさい。

⑤ あのメーカーはいろいろと問題を起こしている。＿＿ ＿＿ ＿＿ ＿＿
私には理解できない。
1　というのは　　2　それなのに　　3　どういうことなのか　　4　客が減らない

⑥ 彼はテレビ番組を見ては文句ばかり言っている。＿＿ ＿＿ ＿＿ ＿＿
つもりはなさそうだ。
1　それなら　　2　と思うのだが　　3　見るのをやめる　　4　見なければいい

（答えは p.129）

**左ページ上の訳**

I take singing lessons and practice everyday, but I am not improving at all.
在上唱歌培训班，每天都在练习。尽管如此，丝毫没有长进… 노래의 레슨도 받고 있고，매일 연습하고 있다．그런데，전혀 잘하지 못한다…

124 ページの答え：①c　②b　③a

第八週

## 第８週　むずかしい。それでもおぼえよう。

## 2日目　そういえば…

When I think of it,
这么说来 ....
그리고보니 ...

### それがまだなんです。

❶「お嬢さん、もう大学をご卒業されましたでしょう?」
「**それが**、まだなんですよ。」(=そう思うでしょうが)

"Your daughter must have graduated from university by now."
"No, unfortunately she hasn't yet."
"您女儿已经大学毕业了吧？" "这个，还没有呢。"
「따님 , 이제 대학을 졸업하셨지요 ?」「그것이 , 아직입니다 .」

❶「a。」「**それが** b〈a と反する内容〉」
◆ 予想外の結果を言うときに使う。

❷ たばこをやめると誓った。**それが**、たった三日でまた吸ってしまった。(=やめると誓ったのに)

I vowed to quit smoking but I gave up after 3 days.　发誓要戒烟。但刚刚过了三天又开始吸了。
담배를 끊으려고 맹세했다 . 그것이 단 3 일로 또 피어 버렸다 .

❷ a〈予定・予想〉。**それが** b〈a と異なる結果〉。(=ところが／それなのに)

### 渋滞するらしい。そこで早く出発したい。

明日は車が混むらしい。**そこで**我々は朝早く出発するつもりだ。(=そのことから判断して)

The traffic will probably be bad tomorrow so we are thinking of leaving early in the morning.
明天好像会堵车。所以我打算早晨早点出发。
내일은 자동차가 붐빌것 같다 , 그래서 우리들은 아침 일찍 출발할 예정이다 .

「今度アメリカに旅行します。**そこで**お願いがあるのですが……。」(=そのことに関係して)

"I am going on a trip to America. In this connection, I want to ask you for a favour."
"这次要去美国旅行。所以想麻烦您…"「이번에 미국에 여행을 갑니다 . 그래서 부탁이 있습니다만…」

a〈事情の説明〉。**そこで** b〈解決方法・提案・依頼〉。
(=そういうわけで)

◆ 話を展開するときに使う。
Used when wanting to develop the conversation.
展开谈话时使用。
이야기를 전개할 때에 사용한다 .

### そういえば田中君、元気？

「**そういえば**、田中君、元気かな？」(=今思い出したけれど)

"By the way, I wonder how *Tanaka-kun* is doing."
" 对了，田中君还好吗？ " " 그러고 보니 , 다나카 군 , 건강한가 ?"

a。**そういえば** b〈思い出した関連する話題〉。

「いい家ですね。**そういえば**、お父様は設計士さんでしたよね。」(=今思い出しましたが)

"It is a very nice house. When I think of it, isn't your father an architect?"
"这房子真好。说到这里想起来了，你父亲是设计师吧。"「좋은 집이군요 . 그러고 보니 , 당신의 아버지는 설계사였지요 .」

## それはそうと試験はいつだっけ？

「今日の授業、おもしろかったね。」
「うん、すごくためになった。**それはそうと**、今度の試験いつだっけ？」（＝話は変わりますが）
"Today's class was interesting, wasn't it?"
"Yeah, I learned a lot. By the way, when is the next exam?"
"今天的课很有意思吧。""嗯，非常有益。对了，下次考试是什么时候？"
「오늘 수업 , 재미있었네 .」「응 , 무척 도움이 됐다 . 그건 그렇고 이번 시험은 언제였지 ?」"

a。**それはそうと**b〈aと関係ない話〉。
（＝ところで）
◆話題を換えるときに使う。
Used when changing the topic.
转换话题时使用。
화제를 바꾸고 싶을 때 사용한다 .

「春になりましたね。**それはそうと**、田中さんの息子さん、大学受かったでしょうか。」
（＝話は変わりますが）
"It feels like spring, doesn't it? By the way, did Mr.Tanaka's son get into university?"
"春天了。对了，田中的儿子考上大学了吧。"「봄이 되었습니다 . 그건 그렇고 , 다나카씨의 아드님 , 대학에 붙었을까요 ?」

**練習Ⅰ** 正しいほうに○をつけなさい。

① この周辺は交通渋滞がひどい。（a. そこで　b. それが）新しい道路が作られることになった。

②「来週から旅行でしたよね。」「（a. そこで　b. それが）家の事情で中止になったんです。」

③ 売り場が混んでいると思ったら、チョコレートか。ああ、（a. そういえば　b. それはそうと）明日はバレンタインデーだった。

④「おはようございます。今日はいいお天気ですね。」「おはよう。やっと晴れたね。（a. そういえば　b. それはそうと）この前お願いした書類はできましたか。」

⑤ 電車に忘れ物をした。（a. そこで　b. それなら）駅の事務所に問い合わせた。

**練習Ⅱ** 下の語を並べ替えて正しい文を作りなさい。＿＿に数字を書きなさい。

⑥ 一人暮らしのお年寄りの問題と、留学生の受け入れ先の問題があった。
＿＿ ＿＿ ＿＿ ＿＿という案が出された。

1　共同生活　　2　お年寄りと　　3　そこで　　4　留学生との

⑦ 田中氏はこの地区の空港の必要性を強く訴えて ＿＿ ＿＿ ＿＿ ＿＿

1　当選したら　　2　それが　　3　全く反対のことを言い出した。　　4　当選した。

（答えはp.131）

**左ページ上の訳**

"John's composition was very good." "Yes, what is more, his penmanship is very good. Speaking of him, he is not around this week." "约翰写的作文非常好。" "而且字也很漂亮。…说到约翰，他这周一直没来呀。"
「존 씨가 쓴 작문 , 잘 했네요 .」「네 , 게다가 글씨도 잘 쓰네요 . …그러고 보니 , 존 씨 , 이번 주 계속 안 나오네요 . 무슨 일이 생긴 걸까요 ?」

127ページの答え：Ⅰ－①a　②b　③a　④a　Ⅱ－⑤2→4→1→3　⑥1→4→2→3

第八週

# 第８週　むずかしい。それでもおぼえよう。

## 3日目　だって…

Well, I have a reason to ...
因为 ...
하지만 ...

## 母の兄、**すなわち**おじさん　硬

「母の兄、**すなわち**僕のおじですが……」
（＝別の言い方では）

"My mother's older brother, in other words my uncle ..."
"妈妈的哥哥，也就是我的舅舅…"　「엄마의 오빠 , 즉 나의 외삼촌입니다만…」

このペットボトルには 1,000 ミリリットル、**すなわち** １リットルの水が入っています。（＝別の言い方では）

In this PET bottle there are 1,000mL of water, in other words there is a litter.
这个塑料瓶子能装 1,000ml，也就是 1 公升的水。
이 페트병에는 1,000ml, 즉 1 리터의 물이 들어 있습니다.

a **すなわち** a'。
◆言い換えるときに使う。
◆「つまり」と似ているが、結論を言うとき「すなわち」は使えない。
ダメ 財布をなくした。すなわちお金がない。
→ 財布をなくした。**つまり**お金がない。

## ファックス**あるいは**メールで　硬

ファックス、**あるいは**メールでお知らせください。
（＝ファックスかメールで）

Please respond by fax or e-mail.　用传真或邮件来通知。　팩스 , 또는 메일로 알려 주세요.

来週の火曜日の午後はどうですか。**あるいは**水曜日の午前でもかまいませんが……。（＝または）

How about the afternoon of Tuesday next week, or Wednesday morning?
下周星期二下午怎么样。或者星期三的上午也可以。　다음주 화요일 오후는 어떻습니까？ 혹은 수요일 오전도 상관없습니다만 .

a **あるいは** b
◆２つのどちらかを選ぶ。
◆「または」の硬い表現。

## 貧しい。**だが**幸せだ。　硬

これは難しい挑戦だ。**だが**失敗を恐れてはいけない。
（＝難しい挑戦だけれども）

This is a difficult challenge, but I cannot be worried about messing up.
这是艰难的挑战。但是，不能害怕失败。
이것은 어려운 도전이다 . 하지만 , 실패를 두려워해서는 안된다 .

生活は貧しい。**だが** 幸せだ。（＝貧しいけれども）

We are poor but happy.　生活贫困。但很幸福。　생활은 가난하다 . 하지만 , 행복하다 .

a。**だが** b。
◆「しかし」「けれども」の硬い表現。

# 怒ってる。**だって**約束を破ったから。

「何を怒ってるの？」「**だって**、約束を破ったじゃないか。」
（＝怒っているのは、約束を破ったからだ）

"Why are you mad?" "You broke your promise."
"生什么气呢？" "还不是因为你没有遵守约定。" 「무엇을 화내는거야?」「왜냐하면, 약속을 깼잖아.」

「テストの点、よかったんだって？」
「うん。**だって**やさしかったんだもん。」（＝なぜならやさしかったから）

"I heard you did well on the exam." "Yeah, it was easy."
"听说考试分数不错？" "嗯。因为很简单。" 「시험 점수 좋았다고?」「응, 왜냐면 쉬웠단 말야.」

a。**だって** b〈理由·原因〉。
◆「なぜなら」「なぜかというと」「どうしてかというと」の会話的表現。
れい **だって**～だもの
**だって**～だもん
☞p.16

**練習 I** 正しいほうに○をつけなさい。

① ご希望の賞品A（a. あるいは　b. すなわち）Bのいずれか一つに○をつけ、ご応募ください。

②「いつまで寝てるの。早く起きなさい。」「だって（a. 眠いもんか　b. 眠いんだもん）。」

③ 夫の父、（a. すなわち　b. あるいは）義理の父と一緒に暮らすことになりました。

④ よく晴れている。（a. だって　b. だが）気温は低い。

⑤「寒いし、疲れているし、あそこは遠いし……」
「（a. つまり　b. すなわち）行きたくないってことね。」

**練習 II** 下の語を並べ替えて正しい文を作りなさい。＿＿に数字を書きなさい。

⑥ 最近はCD、＿＿　＿＿　＿＿　＿＿。

1　多く販売されている　　2　すなわち
3　語学教材が　　4　コンパクトディスク付きの

⑦ 事故にあったときは ＿＿　＿＿　＿＿　＿＿

1　なんともなかった。　　2　頭が痛くなった。
3　だが　　4　そのあくる日に

（答えは p.133）

**左ページ上の訳**

"Why did you buy so much? You don't even need it." "Well, it was cheap."
" 为什么买这么多？没必要吧。" " 因为很便宜呀。" 「왜 그렇게나 샀어? 필요 없지?」「왜냐하면 쌌었어.」

129ページの答え：Ⅰ－①a　②b　③a　④b　⑤a　Ⅱ－⑥3→2→4→1　⑦4→2→1→3

# 4日目　ということは…

That means ...
这么说来
그러면

## まだ来ない。ということは欠席だ。

「彼は、まだ来ませんね。**ということは**、欠席ということですね。」（＝まだ来ないということから判断すると）

He has not come yet. That means he is absent.

他还没来嘛。这么说来就是缺席了。　그 사람 , 아직 안 왔네요 . 라는 것은 결석이라는 거네요 .

a。**ということは** b〈a から判断した内容〉。
（＝つまり）

「私はもうお酒を飲めます。」

「**ということは**二十歳を過ぎてるんだね。」（＝お酒を飲めるということから判断すると）

"I can drink alcohol." "Oh, so you're over twenty."

"我已经能喝酒了。""这么说来，你都过二十岁了。"「나는 이제 술을 마실 수 있습니다 .」「그러면 , 20 세가 넘은것이군요 .」

## 外出できない。というのは父の具合が悪いんです。

「今日は家を出られないんです。**というのは**父の具合が悪くなりまして……。」（＝家を出られない理由は）

"I cannot leave the house today because my father is sick."

"今天不能出家门。这是因为父亲身体状况恶化了…"

「오늘은 집을 나갈수가 없습니다 . 왜냐하면 , 아버지의 몸상태가 나빠지셔서…」

a。**というのは** b〈理由〉。
（＝ なぜかというと／どうしてかというと）

「ぼくは卵を食べないんです。**というのは**、アレルギーがあるんですよ。」（＝食べない理由は）

"I cannot eat eggs because I am allergic to them."

"我不吃鸡蛋。因为我过敏。"「나는 계란을 먹지 않습니다 . 왜냐하면 , 알레르기가 있습니다 .」

## 彼はまじめだ。したがって信頼されている。　硬

彼はまじめで誠実な人だ。**したがって**みんなから信頼されている。（＝まじめで誠実な人だから）

He is a very loyal person. That's why everyone depends on him.

他是认真诚实的人。因此，深得大家信赖。 그는 근면하고 성실한 사람이다 . 그래서 모두에게서 신뢰받고 있다 .

a〈理由〉。**したがって** b〈結果〉。
（＝だから／その結果）

教授は急用で来られません。**したがって**講義は中止です。（＝来られないから）

The professor cannot come, so the lecture is cancelled.

教授因急事来不了，因此讲义取消。　교수님은 급한 일로 오지 못하십니다 . 따라서 강의는 중지입니다 .

## 3割引。ただしこの棚の商品を除く。 硬

全商品3割引です。**ただし**、この棚の商品は除きます。
All the items are at a 30% discount except those on this shelf.
全部商品优惠 30%。但，这个货架的商品不算在内。
전 상품 30% 할인입니다. 단, 이 선반의 상품은 제외입니다.

明日は9時に集合です。**ただし**、雨の場合は中止です。
Please assemble at 9 o'clock tomorrow morning unless it rains.
明天 9 点集合。不过，如果下雨就取消。
내일은 9 시에 집합입니다. 단, 비가 오는 경우는 중지입니다.

a。**ただし** b。

◆前の文（a）に条件や例外を付け加えるときに使う。
Used when adding conditions and exceptions to the sentence before (a).
给前文附加条件和例外时使用。
앞의 문장에 조건이나 예외를 덧붙일 때 사용한다.

もっと! 品はいい。**ただ**値段が高すぎる。
The quality is good, but it is too expensive.
东西是好。不过价格太贵。 고상하다. 단, 값이 너무 비싸다.

ぼくはかまわない。**ただ**妻が何と言うか。
I do not mind, but I do not know what my wife would say.
我没关系。不过，不知妻子说什么。
나는 상관없다. 단 아내가 무엇이라고 말할지.

a。**ただ** b。

◆前の文（a）に問題点や条件を付け加えるときに使う。
To be used when adding a question or a condition to the previous sentence (a).
给前文(a)添加问题点或条件的时候使用。
앞의 문장 (a) 에 문제점이나 조건을 덧 붙일 때에 사용한다.

### 練習 I 正しいほうに○をつけなさい。

① 部屋は気に入りました。(a. ただ　b. だって) 駅から遠すぎます。

② 私は肉は食べません。(a. というのは　b. ということは) 菜食主義だからです。

③ 出席が3分の2以上ない人は最終試験を受けられません。(a. ただし　b. したがって) あなたは受験できないということになります。

④「4位でした。」
「(a. というのは　b. ということは) メダルは取れなかったということですね、残念。」

⑤ 年中無休。(a. したがって　b. ただし) 年末年始を除く。

### 練習 II 下の語を並べ替えて正しい文を作りなさい。＿＿に数字を書きなさい。

⑥ ゴルフは確かに子どものときからやっています。＿＿ ＿＿ ＿＿ ＿＿ なんです。
1 わけではなく　2 ちゃんと習った　3 ただし　4 自己流

⑦ 最近疲労がたまっています。＿＿ ＿＿ ＿＿ ＿＿としても寝られないからです。
1 心配事があって　2 忙しすぎる上に　3 寝よう　4 というのは

(答えは p.135)

**左ページ上の訳**

"I will start living in Tokyo in April." "Do you mean you got into university? Congratulations!"
"从 4 月开始在东京生活。" "这么说来，你考上大学了。恭喜！"
「4 월부터 동경에서 생활합니다.」「그러면, 대학에 합격한 것이네. 축하해!」

131 ページの答え： I－①a ②b ③a ④b ⑤a　II－⑥2→4→3→1 ⑦1→3→4→2

# 5日目　もっとも…

But also …
不过…
하지만 …

## 飲食禁止。もっとも水はかまいません。

検査の前夜から飲食禁止です。**もっとも**水は飲んでもかまいません。（＝そう言いましたが）

No food is allowed from the night before the physical examination, except water.
检查前晚禁止饮食。不过，喝水没关系。
검사의 전날 밤부터 음식금지입니다. 다만, 물은 마셔도 상관없습니다.

全員が参加しなければなりません。**もっとも**病気の場合は別です。（＝そう言ましたが）

Everyone has to attend except those who are sick.
必须全体参加。当然生病例外。 전원 참가해야 합니다. 단 아플 때는 제외입니다.

> a。**もっとも** b。
> （＝ただし）
> ◆前の文に例外や条件を付け加えて修正するときに使う。
> Used when additing exceptions and conditions to the previous sentence.
> 给前文附加例外或修正条件时使用。
> 앞의 문장에 예외나 조건을 덧붙여 수정할 때 사용한다.

## 以上です。なお詳細は…

「この件の説明は以上です。**なお**、詳細についてはプリントをご覧ください。」

I am finished explaining this matter. Please look at the handout for details.
这件事的说明如上。另外，详细情况请看资料。
이 건의 설명은 이상입니다. 덧 붙여 상세한 것은 프린트를 보십시오.

「今日はこれで終わります。**なお**次回の日時は……」

We are finished for today. Our next session will be …
今天到此为止。那下次时间是… 오늘은 이것으로 마치겠습니다. 한편 다음 번 일시는…

> a。**なお** b。
> ◆話を付け加えるときに使う。前の文と関係のないことでもいい。
> Used when adding more to the sentence. (b) does not necessarily have to be related to the sentence before.
> 附加情况的时候使用。和前文没有关系也可以。
> 말을 덧 붙일때 사용한다. 앞의 문장과의 관계가 없는 것도 된다.

## 終わります。さて来週は…

「これで授業を終わります。**さて**来週の予定ですが……」
（＝話は換わって）

Today's lesson is over. Now, next week we will be [covering] …
那课就上到这。下面说一说下周的安排…
이것으로 수업을 끝내겠습니다. 그리고 다음주 예정입니다만…

> a。**さて** b。
> ◆新しい話題に換えるときに使う。
> Used when changing to a new subject.
> 换新话题的时候使用。
> 새로운 화제로 바꿀 때 사용한다.

「以上、今日のニュースをお伝えしました。**さて**次に天気予報です。」（＝話は換わって）

That was today's news. Now we will look at the weather forecast for tomorrow.
以上报道了今天的新闻。那下面是天气预报。 이상, 오늘의 뉴스를 전달합니다. 한편, 다음으로 일기예보입니다.

## 薬を塗った。**すると**痛みが治まった。

❶ 薬を塗った。**すると**痛みが治まった。
(＝薬を塗って、そのあとすぐに)

❶ a〈きっかけ〉。**すると** b〈起こったこと〉。

The pain stopped as soon as I put some medicine on the wound.　涂上了药。结果疼痛消失了。　약을 발랐다 . 그러자 , 통증이 나았다 .

窓を開けた。**すると**、蛾が入ってきた。(＝窓を開けて、そのあとすぐに)
A moth came in right after I opened the window.　打开了窗户，结果蛾子进来了。　창을 열었다 . 그러자 , 나방이 들어 왔다 .

❷「私は外出していました。」
「**すると**、家には誰もいなかったんですね。」
(＝そこから判断すると／ということは)

❷ a。**すると** b〈a から判断した内容〉。

"I was out." "So, no one was at home. Is that right?"
"我在外面。""那么说，家里一个人都没有。"　「나는 외출했었습니다 .」「그러면 , 집에는 아무도 없었군요 .」

**練習Ⅰ** 正しいほうに○をつけなさい。

① 「私には両親と妹が一人います。」「(a. すると　b. さて) 4人家族ですね。」

② 今年こそヨーロッパへ行きたいと思っています。(a. すると　b. もっとも) 休みが取れたらの話ですが。

③ 市民コンサートに参加ご希望の方はお申し込みください。
(a. なお　b. さて) 希望者多数の場合は先着順とさせていただきます。

④ ほかにご質問がなければ終わります。(a. さて　b. そこで) 次回の議案ですが……。

⑤ ラジオをつけた。(a. なお　b. すると) 懐かしい曲が流れてきた。

**練習Ⅱ** 下の語を並べ替えて正しい文を作りなさい。____に数字を書きなさい。

⑥ 何かいつもと違う ____ ____ ____ ____

1　雪がしんしんと降っていた。　2　窓を開けてみた。
3　すると　4　気配がして

⑦ お忙しい ____ ____ ____ ____ 今日のテーマですが……。

1　お集まりいただき　2　中を
3　さて　4　ありがとうございます。

(答えは p.137)

**左ページ上の訳**

"I will take you on a trip during your spring break only if you pass the exam."
" 春假时带你去海外旅行。不过，前提是你要考试合格。"
「봄방학에 해외여행에 데려가 줄께 . 다만 , 합격하고나서의 이야기지만 .」

| 133ページの答え：Ⅰ－①a　②a　③b　④b　⑤b　Ⅱ－⑥3→2→1→4　⑦4→2→1→3 |
|---|

第八週

# ６日目　おまけに…

In addition ...
而且 ...
게다가

今のアパートは気に入っている。
新しくて広い。
**しかも**駅から近い。
**おまけに**家賃も安い。

## 大敗した。**要するに**力の差があった。

試合に大負けした。**要するに**、相手のチームと力の差があったということだ。（＝まとめて言うと）

We were badly defeated. In short the other team was a lot better.
比赛中大败。总之是和对方队的实例差距太大。
시합에 크게 졌다. 요컨데, 상대의 팀과 힘의 차이가 있다라는 것이다.

彼は一度も入賞しなかった。**要するに**、才能がなかったということだ。（＝まとめて言うと）

He never won a prize. In short, he is not talented.
他从未得过奖。总之，就是没有才能。 그는 한번도 입상하지 못했다. 요컨데, 재능이 없다라는 것이다.

> a。**要するに** a'。
> （＝つまり）
> ◆「前の文の内容を簡単に説明すると」という意味。
> Meaning "in short words ..."
> 表明 "简单说明前文内容"。
> 「앞의 문장의 내용을 간단히 설명하는」 의미.

## 美人だ。**しかも**性格もいい。

彼女は美人で頭がいい。**しかも**性格もいい。（＝それだけでなく）
She is smart and beautiful and she even has a nice personality.
她是美女，还聪明。而且性格也好。 그녀는 미인으로 머리가 좋다. 게다가 성격도 좋다.

> （Nは）a。**しかも** b。
> （＝その上／さらに）

先日泊まったホテルは、古くて高かった。**しかも**サービスが悪かったので、もう二度と行かない。（＝それだけでなく）
The hotel I stayed in the other day was shabby and yet expensive. Moreover the service was bad. I will never go back there again.
前几天住过的酒店又旧又贵。而且服务还差，再也不会去第二次了。
저번에 묵었던 호텔은 오래됐고 비쌌다. 게다가 서비스도 나빴기 때문에 이제 두번 다시 가지 않는다.

## 高いし、まずい。**おまけに**サービスも…。

日本の夏は暑いし、**おまけに**湿気も多いです。（＝それに加えて）
The summer here in Japan is hot and humid.
日本的夏天热，而且湿气还重。 일본의 여름은 덥고 게다가 습기도 많습니다.

> （Nは）a。**おまけに** b。
> （＝その上／しかも）
> ◆「しかも」より話し言葉的。

あのそば屋は高いしまずい。**おまけに**サービスも悪い。
（＝それに加えて）
The soba in that shop is expensive and not good, let alone the service.
那家荞麦店又贵又难吃。而且服务也差。 저 모밀국수집은 비싸고 맛이 없다. 게다가 서비스도 나쁘다.

## 一般に…。**ちなみに**うちにも…。

最近は、ペットを飼う家が増えているようです。**ちなみに**、うちにも犬が１匹とネコが２匹います。（＝ついでに言えば）

There're a lot of people who have pets these days. By the way, I have one dog and two cats.
最近好像养宠物的人家增多了。顺便说一下，我们家也有 1 条狗和 2 只猫。
최근은 애완동물을 기르는 집이 늘고 있는것 같습니다. 덧붙여 말하면, 우리집에도 개가 한마리와 고양이가 2 마리있습니다.

燃えるゴミは月曜日と木曜日、燃えないゴミは金曜日に出してください。**ちなみに**資源ごみの収集日は第３水曜日です。（＝付け加えて言うと）

Please put out burnable garbage on Mondays and Thursdays, and nonburnable on Fridays.
And recyclable garbage is collected on the third Wednesday of each month.
可燃垃圾请在周一和周四扔，不可燃垃圾请在周五扔。顺便说一下，资源垃圾的回收日是第 3 个星期三。
타는 쓰레기는 월요일과 목요일, 불연 쓰레기는 금요일에 내 주세요. 덧붙여 자원쓰레기의 수집일은 제 3 수요일입니다.

a。**ちなみに** b。

◆前の文（a）の説明に軽い情報を付け加えるときに使う。
To be used to add a little information to the previous sentence (a).
为前文 (a) 的说明添加简单信息的时候使用。
앞의 문장 (a) 의 설명에 가벼운 정보를 덧붙일 때에 사용한다.

**練習Ⅰ** 正しいほうに○をつけなさい。

① 私は出かけるのが嫌いで、人づきあいも悪い。（a. しかも　b. 要するに）気が利かない。（a. それでも　b. 要するに）ツアーコンダクター※の仕事には向いていないのだ。

※ ツアーコンダクター：tour guide 旅游团领队 투어 지휘자

② どしゃぶりの雨に強風、（a. おまけに　b. ちなみに）雷まで鳴り出した。（a. それなら　b. それでも）出かけなければならない。

**練習Ⅱ** 次の文章の（　　）に入れるのに最もよいものを、１・２・３・４から一つずつ選びなさい。

友人の仕事は危険で、汚くて、③（　　）きついらしい。④（　　）そういう仕事は俗に「３K」と呼ばれている。⑤（　　）「き」、すなわち「K」が３つつくというわけだ。

| 1　おまけに | 2　ただし | 3　ちなみに | 4　要するに |
|---|---|---|---|

（答えは p.141）

**左ページ上の訳**

I like the apartment I live in now because it is new, spacious, close to the station, and even has a low rent.
喜欢现在的公寓。又新又宽敞。而且离车站近，另外房租还便宜。
지금의 아파트는 마음에 든다. 새롭고 넓다. 게다가 역에서 가깝다. 뿐만아니라, 방값도 싸다.

135ページの答え：Ⅰ－①a　②b　③a　④a　⑤b　Ⅱ－⑥4→2→3→1　⑦2→1→4→3

# 7日目　実戦問題（じっせんもんだい）

Practice Exercise
实战问题
실전문제

制限時間（せいげんじかん）：15分（ふん）
1問（もん）4点（てん）

点数（てんすう）　／100

（答（こた）えは別冊（べっさつ）p.6）

**問題１** 次の文の（　　）に入れるのに最もよいものを、１・２・３・４から一つ選びなさい。

**1** 未成年でも入会できます。（　　　）保護者（ほごしゃ）の許可が必要です。

1　すると　　2　要するに　　3　ただし　　4　したがって

**2** A「初めて歌舞伎（かぶき）を見たよ。」
B「（　　　）どうだった？」

1　なお　　2　そこで　　3　さて　　4　それで

**3** 運転免許証（　　　）健康保険証など、身分を証明するものをご持参ください。

1　あるいは　　2　すなわち　　3　ただし　　4　もっとも

**4** びんのふたを開けるのにいつも苦労していた。（　　　）この商品を開発したわけです。

1　すると　　2　さて　　3　そこで　　4　なお

**5** A「この子猫（こねこ）の写真、かわいいね。」
B「ほんと。あれ、（　　　）最近お隣（となり）の猫、見かけないね。」

1　というのは　　2　ということは　　3　もっとも　　4　そういえば

**6** 人気者のプロゴルファーにはギャラリー（　　　）観客がぞろぞろついて回っている。

1　すなわち　　2　あるいは　　3　おまけに　　4　ちなみに

**7** A「手紙、出してくれた？」
B「（　　　）、忘れてしまって、まだ鞄（かばん）の中に持ってるの。」

1　そういえば　　2　それが　　3　それはそうと　　4　そこで

**8** A「どうしてレシートをもらわないの。」
B「（　　　）いらないんだもの。」

1　さて　　2　だが　　3　だって　　4　なお

**9** あ、左手の薬指に指輪が…。（　　　）結婚しているのかな。

1　ということは　　2　というのは　　3　したがって　　4　それはそうと

**10** 私、ここに来られるのは今日が最後なんです。（　　　）転職するんです。

1　もっとも　　2　というのは　　3　そこで　　4　それでも

**11** A「日本の伝統文化について知りたいんだけど。」
B「(　　　) このコースを受けるといいよ。」

1　それで　　2　それなら　　3　それでも　　4　それなのに

**12** A「昨日は大変でしたね。」
B「ええ、ほんとうに疲れました。(　　　)、高橋(たかはし)選手、メダルとりましたね!」

1　要するに　　2　ということは　　3　それなのに　　4　それはそうと

**13** ご注文ありがとうございました。(　　　) このメールは機械処理により自動で返信しております。

1　さて　　2　なお　　3　だが　　4　ただ

**14** 本棚(だな)にあった1冊の本を手にとって開いた。(　　　) 中に古い写真がはさんであった。

1　すると　　2　すなわち　　3　そこで　　4　それなら

**15** 単位が足りません。(　　　) 君は卒業できないということになります。

1　もっとも　　2　すると　　3　したがって　　4　それが

**問題2** 次の文の ★ に入る最もよいものを、1・2・3・4から一つ選びなさい。

**16** 地球温暖化が大きく騒がれている。____ ____ ★ ____ 言われている。

1　だが　　2　そんなことはないとも
3　ある知識人に　　4　よれば

**17** 自治会(じちかい)の清掃を行いますので、ご参加ください。____ ____ ★ ____ 意志によるものとします。

1　義務ではなく　　2　これは　　3　もっとも　　4　自主的な

**18** 何度もこれは試験によく出るから間違えないようにと注意した。
____ ____ ★ ____ 残念だった。

1　学生が　　2　それなのに　　3　間違えた　　4　たくさんいたのは

**19** クレジットカード ____ ____ ★ ____

1　あるいは　　2　コンビニでの
3　後払いも可能です。　　4　がご利用になれます。

**20** このプロジェクトの ____ ____ ★ ____ ということです。

1　すなわちエコロジー、　　2　テーマは「エコ」、
3　つまり　　4　環境(かんきょう)を考える

第八週

**問題3** 次の文章を読んで、[21]から[25]の中に入る最もよいものを、1・2・3・4から一つ選びなさい。

## 市民パソコン教室のお知らせ

日ごろは市の活動にご理解・ご協力いただきましてありがとうございます。

[21]、緑山(みどりやま)市では、まだパソコンを使ったことのない人を対象にパソコン教室を開きます。ちなみに、昨年参加された方々からは「大変実用的でためになった」「わかりやすく、しかも[22]」といったお言葉をいただいています。「[23]、まだパソコンって使ったことがなかったな」「難しそうだが、少しはできるようになりたい」と思っている方、ぜひ、この機会にパソコンに触(ふ)れてみませんか。

日時：　9月10日（日）午前10時～12時

場所：　緑山市民会館会議室A

参加費：　無料

対象年齢：　小学生以上（ただし小学生以下の児童は、18歳以上の方と一緒(いっしょ)に参加してください。）

募集人員：　30名（先着順とさせていただきます）

申し込み方法：郵便[24]ファックスにて、緑山市役所 市民生活課（担当：田中）まで

[25]、詳細につきましては、緑山市報8月号をご覧(らん)ください。

21　1　だが　2　なお　3　さて　4　すると

22　1　無料で助かった　2　つまらなかった
3　料金が高かった　4　来年も参加したい

23　1　というのは　2　そういえば　3　ということは　4　それなのに

24　1　あるいは　2　すなわち　3　おまけに　4　それで

25　1　それでも　2　したがって　3　なお　4　それが

## 敬語(けいご)　お礼(れい)を言(い)う②

✤ (先生(せんせい)は私(わたし)を)パーティーに呼(よ)んでくれました → **お招(まね)きくださいました**
**ご招待(しょうたい)くださいました**

✤ (先生(せんせい)は私(わたし)のために)来(き)てくれました → **来(き)てくださいました**
**お越(こ)しくださいました**
**おいでくださいました**

**【問(と)い】** 正(ただ)しいものを（　　）から一(ひと)つ選(えら)びなさい。(答(こた)えはこのページの下(した))

① 本日(ほんじつ)はお忙(いそが)しい中(なか)（a. お伺(うかが)い　b. おいで　c. お越(こ)して）くださいまして、ありがとうございます。

② (a. ご注文(ちゅうもん)　b. お注文(ちゅうもん)　c. 注文(ちゅうもん)になって）くださいましてありがとうございます。確(たし)かに承(うけたまわ)りました※。

※ 承(うけたまわ)る：聞(き)く・わかる

137ページの答え：Ⅰ－①a、b　②a、b　Ⅱ－③1　④3　⑤4

上の答え：①b　②a

第八週

# さくいん

**太字**＝　で紹介している表現　細字＝　の中や もっと! で紹介している表現

## と



## な



## に

さくいん

さくいん

| | |
|---|---|
| イラスト | 花色木綿 |
| 翻訳・翻訳校正 | Hannah Rosszell ／ Rory Rosszell ／ Ian Chun（英語）<br>李煒／朱浩育（中国語）<br>崔明淑／鄭善英／時事日本語社（韓国語） |
| 編集協力・ＤＴＰ | りんがる舎 |
| 装丁 | 岡崎裕樹 |
| 印刷・製本 | 日経印刷株式会社 |

「日本語能力試験」対策
# 日本語総まとめ N2 文法

2010年　3月25日　初版　第1刷発行
2016年　9月　5日　初版　第13刷発行

本体価格　1,200円

著　者　佐々木仁子・松本紀子
発　行　株式会社アスク出版
〒162-8558　東京都新宿区下宮比町2-6
TEL　03-3267-6864
発行人　天谷修平



Printed in Japan
ISBN978-4-87217-729-9

# 解答・解説

Answers and Explanations
解答・解说
해답・해설

こちら側に引っ張って切り離してください。

## 第１週　実戦問題

### 問題１（p.26～27）

1 **2** なりがちだ（＝なることが多い）
2 **1** 読んではいるものの（＝読んでいるけれど）
3 **2** 太り気味（＝ちょっと太っている）
4 **4** 自信なさげな（＝自信なさそうな）
5 **3** 代われるものなら（＝代われないが、もし代われるなら）
6 **3** 怒りっぽくなった（＝よく怒るようになった）
7 **2** 静かなもんだから（＝静かなので）
8 **3** 傘ぐらいならまだしも（＝傘などなら少しはいいが）
9 **3** 国内はもとより（＝もちろん国内でも知られているし）
10 **4** 使えないこともない（＝使えるかもしれない）
11 **1** 休んでばかりもいられない（＝何度も休むことはできない）
12 **2** いらないんだもの（＝いらないから）
13 **3** 行きたくないこともない（＝行きたくないんじゃない）
14 **2** 眠くてたまらない（＝とても眠い）
15 **1** 難しい話は抜きにして（＝難しい話はやめて）

### 問題２（p.27）

16 **4** 3→1→4→2
17 **1** 4→2→1→3
18 **4** 3→2→4→1
19 **1** 2→3→1→4
20 **2** 4→3→2→1

### 問題３（p.28）

21 **4**
22 **3** とても心配だ
23 **1** 少し疲れているように見える人も…
24 **3** 新人選手たちなら少しはいいが
25 **4** 思うことをやめられない／思う

## 第２週　実戦問題

### 問題１（p.42～43）

1 **2** 編みかけて（＝編もうとして）
2 **4** 身を守ることを目的として（＝身を守ることが目的で）
3 **4** 冷めないうちに（＝温かい間に）
4 **2** 悩み抜いて（＝最後まで悩んで）
5 **1** やる気を出さないかぎり（＝やる気を出さない間は）
6 **3** 勉強していないところにかぎって（＝勉強していないところが特に）
7 **3** 使い切ってから（＝全部使ってから）
8 **4** 夜が明けるか明けないかのうちに（＝夜が明けると同時に）
9 **2** お子さんに限り（＝子どもだけに）
10 **3** 考えるからこそ（＝本当に考えるから）
11 **3** 体さえ元気なら（＝体が元気なだけで）
12 **1** １回限り（＝１回だけ）
13 **3** ありえない（＝あるはずがない）
14 **2** メニューにしたがって（＝メニューのとおりに）
15 **1** それにともなって（＝それで／首相がこの町を訪問するので）

### 問題2 (p.43)

16　**1**　2→4→1→3

17　**2**　3→1→2→4

18　**3**　2→4→3→1

19　**4**　2→1→4→3

20　**4**　3→2→4→1

### 問題3 (p.44)

21　**4**　努力しているが…

22　**1**　悪化する一方だ

23　**4**　可能性がある

24　**2**　そんなことまでして

25　**1**　「生きているうちは」ならOK

## 第3週　実戦問題

### 問題1 (p.58～59)

1　**2**　1度きりです（＝1度だけです）

2　**4**　うれしさのあまり（＝うれしすぎて）

3　**3**　残念なことに（＝残念なことですが）
＊悲しいことに／かわいそうなことに／さびしいことに

4　**4**　傷だらけ（＝傷がいっぱい）

5　**3**　言われたとおりに（＝言われたことと同じように）
＊医者が言った、医者が指示した、医者の指示どおり

6　**4**　待たせたあげく（＝待たせて大変だったのに、最後には）

7　**2**　考えた末の（＝考えた結果の）

8　**3**　恐怖のあまり（＝怖すぎて）

9　**1**　申し訳ないことに（＝申し訳ないことですが）

10　**1**　計ってみたところ（＝計ってみたら）

11　**1**　貸したきり（＝貸したままずっと）

12　**1**　意思に反して（＝意思とは反対に）

13　**4**　なくなる一方だ（＝どんどんなくなる）

14　**2**　いただくわけにはいきません
（＝もらうことはできない）

15　**4**　やめるわけではありません（＝やめるんじゃないんです）

### 問題2 (p.59)

16　**1**　2→4→1→3

17　**4**　2→1→4→3

18　**3**　4→2→3→1

19　**2**　1→4→2→3

20　**1**　3→2→1→4

### 問題3 (p.60)

21　**2**　検査してみたら

22　**1**　言われたら、すぐに

23　**2**　悪くないはずがない／絶対に悪い

24　**3**　悩んだ結果

25　**4**　ずっと向かっている

## 第4週　実戦問題

### 問題1 (p.74～75)

1　**4**　受験にあたり（＝受験の際に／受験するときに）

2　**2**　日本向けに（＝日本を対象に）

3　**1**　入り次第（＝入ったらすぐに）

4　**1**　簡単な上に（＝簡単だし、それに）

5　**3**　驚きながらも（＝驚いたけれど）

6　**1**　会議に先立ち（＝会議の前に）

7　**2**　数字の上では（＝数字を見ると）

8　**3**　考え方次第で（＝考え方によって）

9　**2**　実際の試験形式に沿って（＝実際の試験形式に合わせて）

10 **4** 6年間にわたる（＝6年の間ずっとの）

11 **3** 実物を見た上で（＝実物を見てから）

12 **2** 勉強しろと言いつつ（＝勉強しなさいと言うが）

13 **3** 入ってはいけないことになっている（＝入ってはいけないと決められている）

14 **2** 忘れられつつある（＝だんだん忘れられている）

15 **2** 一時的な流行にすぎない（＝一時的に流行しているだけだ）

## 問題2（p.75）

16 **3** 4→1→3→2

17 **1** 4→3→1→2

18 **4** 2→1→4→3

19 **2** 4→3→2→1

20 **3** 1→4→3→2

## 問題3（p.76）

21 **1** 就職の際には

22 **3** 努力すれば

23 **4** 見習いながら

24 **2** 使いたくなくても使うしかない。

25 **4** 「期待に応える」は決まり文句。

# 第5週　実戦問題

## 問題1（p.90～91）

1 **2** あじさいという花で有名なことから（＝あじさいという花で有名だという理由で）

2 **3** 背が高いばかりに（＝背が高いために）

3 **4** ご予算に応じて（＝予算に合わせて）

4 **1** 聞いてみないことには（＝聞いてみなければ）

5 **3** この寮に入るに際して（＝この寮に入ることになって）

6 **1** 自分でも認めているだけあって（＝自分でも認めているように、それらしく）

7 **4** この表に基づいて（＝この表のとおりに）

8 **3** 運転者ばかりか（＝運転者だけでなく）

9 **1** 信用できる教育者の下で（＝信用できる教育者のところで）

10 **2** 理解しがたい（＝理解できない）

11 **4** カーペットをしいたかのようだ（＝カーペットをしいたようだ）

＊カーペット＝carpet

12 **2** 応援しに行こうではないか（＝応援しに行きましょう）

13 **2** 守れっこない（＝絶対守れない）

14 **3** お教えしかねます（＝教えられません）

15 **4** こわしかねない（＝こわすかもしれない）

## 問題2（p.91）

16 **2** 3→4→2→1

17 **3** 2→4→3→1

18 **3** 4→1→3→2

19 **3** 1→4→3→2

20 **4** 1→3→4→2

## 問題3（p.92）

21 **2** 「～ことだから、～伝えられないでしょう」ならOK。

22 **3** ほかの3つは「半減しない」という意味になる。

23 **3** 「信じかねる」ならOK。

24 **3** 「だけでなく」

25 **4**

## 第6週　実戦問題

### 問題1 (p.106～107)

1 **4** ご招待するからには（＝招待するのだから）

2 **2** 二度と誘うまい（＝もう誘わないつもりだ）

3 **1** 学校側から言えば（＝学校の見方から言えば）

4 **3** 駅前の広場において（＝駅前の広場で）

5 **3** 梅雨の時期から夏にかけて（＝梅雨の時期から夏まで）

6 **2** してからでないと（＝した後でないと）

7 **4** 一生懸命さにかけては（＝一生懸命さという点では）

8 **1** 共同生活をする以上（＝共同生活をするのだから）

9 **1** 色からして（＝まず、色だけ見ても）

10 **3** よそから来た人から見ると（＝ほかの場所から来た人の見方から言えば）

11 **4** あの人に相違ない（＝きっとあの人だ）

12 **3** アジアにおける（＝アジアでの）

13 **3** 英語をはじめとする（＝まず英語、そして）

14 **2** 震度３だったとか（＝震度３だったそうだ）

15 **1** 教わるということにほかならない（＝まさに教わるということだ）

### 問題2 (p.107)

16 **1** 3→2→1→4

17 **3** 4→2→3→1

18 **4** 2→1→4→3

19 **3** 4→1→3→2

20 **1** 3→4→1→2

### 問題3 (p.108)

21 **2** 「～から～まで」

22 **4** 花の祭りがあっても、その花の生産地ではない。

23 **3** 植えないと祭りはできない。

24 **4** 富山、そして全国各地から

25 **1** はっきりわからないが～らしい

## 第7週　実戦問題

### 問題1 (p.122～p.123)

1 **1** 買うにしろ借りるにしろ（＝買っても、借りても、どちらでもいいから）

2 **1** 入院を契機として（＝入院を機会に）

3 **2** 心のこもった（＝心からの）

4 **3** 耳も聞こえなければ目も見えなかった（＝耳も聞こえないし、目も見えなかった）

5 **3** 汚れるのもかまわず（＝汚れるのも気にしないで）

6 **1** 国の内外を問わず（＝国内、国外に関係なく）

7 **2** ボランティア活動を通じて（＝ボランティア活動によって）

8 **3** 雷が鳴るやら、地震が起きるやら（＝雷が鳴ったり、地震が起きたり、いろいろあって）

9 **2** 欲しがるものだ（＝欲しがるのが普通だ）

10 **3** この服を着るにつけ（＝この服を着るたびに）

11 **2** うつる恐れがある（＝うつる心配がある）

12 **4** たくさん食べればいいというものでもない（＝たくさん食べればいいとは言えない）

13　**3**　心をなごませるものがある（＝心がなごむように感じられる）

14　**1**　授業で使った教材をもとにして（＝授業で使った教材から）

15　**2**　ご予約の際には（＝予約するときには）

### 問題2（p.123）

16　**4**　3→1→4→2

17　**2**　1→3→2→4

18　**1**　3→2→1→4

19　**3**　4→2→3→1

20　**1**　2→4→1→3

### 問題3（p.124）

21　**3**　1は「友人の呼びかけをきっかけに」ならOK。

22　**1**　2は「年齢にかかわらず」ならOK。

23　**4**　「どうにか～ないものか」

24　**3**

25　**1**　「心のこもった」

## 第8週　実戦問題

### 問題1（p.138～p.139）

1　**3**　「保護者の許可」が条件。

2　**4**　相手の話を聞き出す。

3　**1**　または

4　**3**　（状況説明）、そこで～

5　**4**　「猫」に関連する話。

6　**1**　「ギャラリー」＝観客

7　**2**　反対の内容が続く。

8　**3**　なぜなら～から

9　**1**　指輪から判断すると。

10　**2**　理由を説明する。

11　**2**　意見・提案。

12　**4**　関係のない話をする。

13　**2**　補足説明。

14　**1**　（写真を見つけたきっかけ）、すると～

15　**3**　その結果。

### 問題2（p.139）

16　**4**　1→3→4→2

17　**1**　3→2→1→4

18　**1**　2→3→1→4

19　**2**　4→1→2→3

20　**3**　2→1→3→4

### 問題3（p.140～141）

21　**3**　本題に入る。

22　**1**　4は「だから」来年も参加したい。

23　**2**　これを読んで自分のことを考えてみたら

24　**1**　郵便かファックスで

25　**3**　補足すること。